做有影响力的图书

图书在版编目（CIP）数据

股权激励与合伙人制度落地 / 李芊柏著 . -- 北京：
中国致公出版社，2020
ISBN 978-7-5145-1551-0
Ⅰ . ①股… Ⅱ . ①李… Ⅲ . 股权激励－研究②合伙
企业－企业制度－研究 Ⅳ . ① F272.923 ② F276.2
中国版本图书馆 CIP 数据核字（2019）第 246942 号

股权激励与合伙人制度落地 / 李芊柏 著

出　　版	中国致公出版社	
	（北京市朝阳区八里庄西里 100 号住邦 2000 大厦 1 号楼西区 21 层）	
发　　行	中国致公出版社（010-66121708）	
责任编辑	王福振	
印　　刷	天津爱必喜印务有限公司	
版　　次	2020 年 2 月第 1 版	
印　　次	2020 年 2 月第 1 次印刷	
开　　本	880mm × 1230mm　　1/32	
印　　张	8	
字　　数	171 千字	
书　　号	ISBN 978-7-5145-1551-0	
定　　价	46.00 元	

股权激励与
合伙人制度落地

李芊柏◎著

中国致公出版社
——China Zhigong Press——

前 言

就当今社会来说，所谓"资本"，已经不只是指金钱了。更多人已经意识到，"资本"里包含更多的是对于资源的"支配权"，以及通过资源可以进行的"资本运作"，还有通过"资本运作"优化配置的社会财富。而最终，这一切凝结为"资本运作"下的经济价值。

随着资本市场的日益繁荣，以及资本本身的趋利性和增值性，追求利润最大化的特点，我们观察到的现象是，社会资源的配置本身已经朝着效率和效益最大化的趋势发展。通常我们看到的是，资本总是追逐着最有效的产业、企业、项目及个人。正是因为资本的逐利导致资源的优化，而资源的优化又促进新资本的成长，并最终产生新经济价值载体。

正是由于资本的这种特性，软银集团董事长兼总裁孙正义在2000年投资阿里巴巴2000万美元，等到阿里巴巴上市，他一朝获利，身价如同坐了火箭一样飞涨，成为日本首富。而孙正义成功的背后，揭示的资本运作原理是：虽然社会上的财富是广大拥有财富创造能力的人所创造的，例如普通工人用自己的时间，在企业家开设的工厂里劳作，利用自己的技术换来财富；企业家虽然不直接参与劳动，却通过资源分配、资源优化去创造财富。但资本市场的顶端，站着的还是孙正义这类人——以资本运作为业的金融投资家。他们不直接参与企业的经营和管理，而是在幕后操作企业家的资源分配，通过入资、入股、并购和重组等方式，将企业的未来掌控在自己手里。

站在财富顶端的人，抓住了财富增长的本质，也见证了一个个财富传奇的诞生。而对于普通人来说，即使看透了资本运作的规律，又该怎么介入这个圈子，怎么用资本赚钱呢？

这个问题，可以用本书中的"股权投资运营"内容回答。为何这样说？或许，看完本书，聪明的你，就能明白这句话的意思了。毕竟从巴菲特到孙正义，到如今突然崛起的腾讯系，以及忙于产业布局的阿里巴巴，他们暴涨的财富，都有股权运营的背景。

目 录

第一章　股权的本质：为何造就亿万富翁

第二章　股权结构：保证创始人牢牢控制企业

第三章　股权激励：好机制，充分发挥员工主人翁精神

第四章　股权融资：扩张资本市场的不二法门

第五章　企业并购：资产重组下的价值放大

第六章　股权投资：选对项目，投资收益远超"同类"

第一章　股权的本质：

为何造就亿万富翁

　　通过股权投资，越来越多的投资者认识到股权投资的价值，以及投资股权将是未来的投资趋势，是资本快速积累的有效途径。现今，人们越来越愿意把资金投入到更能代表经济未来的新领域，以此参与和分享新一轮的经济红利，因而可以说，股权投资成了眼下最热的话题。

　　事实上，无论是福布斯财富排行榜，还是胡润富豪排行榜，判断一个富人拥有多少财富，都不是看他有多少存款，也不是看他有多少房产，而是看他拥有多少股权。

1.1 股权投资的魅力

随着我国金融市场的发展完善和财富管理观念的日渐成熟，很多投资者已经将投资领域集中到代表经济未来的新领域，其中就包括股权投资。

强调股权投资，从国际国内形式发展来看，是有深刻原因的。

首先，从国际大环境来说，随着全球信贷扩张进入尾声，货币政策的力量不断被削弱，只有依靠模式创新和技术创新来提高生产效率，促进全球经济复苏。股权投资的作用，就相当于革除旧的生产模式，促进新型企业诞生。

其次，我国政府一直在推动资本市场改革，鼓励企业并购重组，其中一级股权投资市场是中国资本市场变革的重中之重，而万众创新也是国家战略的重要举措，从这一层面来说，股权投资是一个非常重要的领域，也是资本快速积累的有效途径。

具体来看，股权投资的魅力，如图 1-1 所示（见下页）。

第一，未来布局财富的最佳方式之一。

我们都熟知，软银董事长兼总裁孙正义在 1990~2010 年日本的"失落 20 年"间，既不办实体，也不投资二级市场，而是在

2000 年以 2000 万美元投资马云的阿里巴巴，直到 2015 年阿里巴巴在纽交所上市，孙正义所持股份暴涨近 3000 倍，一跃成为日本首富。

图 1-1　股权投资的魅力

孙正义用 5 年的时间布局，创造了股权界的投资神话。他用事实证明，只要选对了行业，就等于成功了第一步。但是，要想获得更大的利益，还要沉得住气，守得住时间。其实，这本身就体现了股权投资的魅力之所在：你永远都不知道，下一年，你手中的股权价值几许。当然，价值的演变也是有迹可循的。只是说，溢价获得的多少。

第二，股权投资的选择空间更为广阔。

对于中国资本市场来说，自 2013 年开始，中国资本市场走向开放，用了 5 年左右的时间，基本完成了顶层设计和制度建设。从 2019 年开始的未来 5 年里，中国可能会有数千家的公司上市。对于主要投资非上市公司的股权投资来说，更多的公司上市，意味着只要找好项目，做好布局，陪伴企业一起成长，不管最后手里的股权是通过上市退出还是通过其他途径退出，都有非常大的盈利空间。

第三，股权投资的天然成本优势。

投资者在投资二级市场股票时，是按照公司整体价值甚至未来价值进行的。对于上市公司来说，在上市之前，进行了大量的成本投入，这些高成本都是由投资者承担的。而且，企业一旦上市或者具有了上市条件，他们的溢价空间值就没有那么高了，能给予投资者的回报也相对有限。

但对于股权投资来说，其本质相当于是原始股，溢价低，投资成本低。最关键的是，优质创业企业成长性高，股权升值空间巨大，是股权投资真正高收益的关键。

因而投资者几乎都是在最低点买入，等价格快速上升到市场较热、价格较高的时候，他们就要获利离场了。

所以说，股权投资的天然成本优势，增加了收益空间，这也是股权投资的魅力之所在。

第四，评估自己综合投资能力。

在股权投资企业的选择上，第一要素是企业团队，根据实践，团队成员，特别是卓越的人才是关键；第二要素是机制，目前，职业经理人时代已经终结，代之而起的是合伙人制度；第三要素是位次，一个企业是否优秀、能否卓越，不仅在自身好坏，关键还在于其细分市场的排序位次，处于中后位的企业收入再高也只有窗口性机会。

　　对于投资者来说，选择了合适的企业投资，就相当于找到了会下金蛋的母鸡。但前提，是找到合适的企业。

　　而对于普通投资者来说，如果不具备筛选投资项目的实力，那么可以选择专业的投资平台或者投资团队帮自己找项目，这样会更稳妥一点儿。

1.2　股权投资运营的正确姿势

财富管理的本质其实是一种机会式的进取。国内财富配置在权益类产品中变得越来越重要。投资者所重视的投资本质，是投资该事物未来带来的回报。就好像购买一张通向未来的车票，只有买了票才能分享未来的趋势。

作为已经到来的经济浪潮的推手，股权投资已经被越来越多的企业所接纳，并且开始运营。投资，就是投资者用自己的钱来做生意，因而对于投资人来说，投资的过程必须"去伪存真"，体现了对商业、事物的理解。

例如孙正义，用了30年的时间，成为日本第3位做到万亿级别的人。他就能在每个趋势到来之前，用钱铺满"赛道"。

因而对于我们来说，股权投资运营的正确姿势，最重要的是建立多元思维模型。

为何提出这个建议？我们可以从巴菲特的合作伙伴芒格说起。当人们问起，他是如何帮助巴菲特保持很高的业绩增长率时，他说自己只是汲取了所有重要学科的重要理论，并且经常使用它们。

在实际运用中我们发现，其实芒格所说的，就是他所建立的多元思维模型。那么，要如何建立这样的模型呢？

芒格所说的"多元思维"其实是一种综合思维能力，结合了学科派和心理学，通过研究商业的本质进而联系到人类行为学，并最终总结出他所认定的观点：市场从来不是理性的，而是在各种主观的观念中演化推进的，是有很多偶然性的。

他的思考模式，可以儿童成长期服装替换频率为例：

需求：成长期的孩子不断增长的身高和体重需要合适的衣物。

案例：仓库里有1000件女童衣服，让父母去挑选，根据年龄不同，可以分成0岁，1-2岁，2-3岁，3-4岁，4-6岁，6-8岁，8-10岁。那么，要如何去判断这些需求？

对于投资者和创业者来说，初级阶段的需求分析属于共识属性。例如"成长期孩子都需要衣服"，而"这些衣服的年龄层是否能覆盖有需要的儿童"，以及"如何让所有儿童都能得到满足"这样的问题更需要深入思考。

事实上，儿童服饰在市场上以数百万的量级存在。当家长在某个区域内的要求没有得到满足时，就会直接切换到买衣服的场景，例如电子商务。

从这方面来说，股权投资运营时需要思考的问题，绝不仅仅只是表面化的。多元化思维模式的两个重要支撑点是：（1）所见并非所得；（2）实践无关真理。

所见并非所得：指的是要有从新角度出发理解事物的能力，这也是终身学习的必要性之一。在新生事物面前，很多人因为没有过往经验来判断，理解会变得非理性。

实践无关真理：指的是人们总结出来的结论在某些场合下并不是真理。例如，牛顿的经典物理和量子物理。

将这样的思考模式转换到股权投资中，需要将自己对外部世界变化所做出的反应，与自身的世界观和哲学观相结合，最终做出非理性假设的投资决策。

例如，腾讯在 2010 年前投资和并购了一些公司，但 2010 年以后，腾讯开始了大规模的股权投资。

作为产品驱动型的公司，马化腾定义了国内第一代互联网产品经理，他提出要把用户的体验做到极致。在当时，腾讯既做产品也做平台。但是自从 3Q 大战（奇虎 360 诉腾讯滥用市场支配地位案）后，腾讯整个投资忽然间发生了战略性的变化，电商业务、拍拍、E 讯等都做了重大调整，互娱战略崛起和搜索业务的整合，让其从 2000 多亿市值快速成为 33000 多亿市值的公司。

反观诺基亚的被并购，并不是因为苹果、摩托罗拉产品的崛起。2013 年，诺基亚被收购的时候，诺基亚时任 CEO 约玛·奥利拉对媒体说：我们并没有做错什么，但不知为什么，我们输了。

诺基亚输的不是技术，而是输在了思维模式的建设上，以及在布局、生态上没有做出积极的调整。

1.3　企业股权定位的重要性

股权定位之所以重要，是因为股权激励的设计和实施关系到公司发展定位的战略政策。通常来说，公司的不同发展时期，公司股权定位也会有不同的变化。

如图1-2所示。

1.公司品牌定位期：股权定位主要是内部股权激励

2.企业品牌扩张期：股权投资和并购

3.企业品牌成熟期：搭建股权投资平衡体系

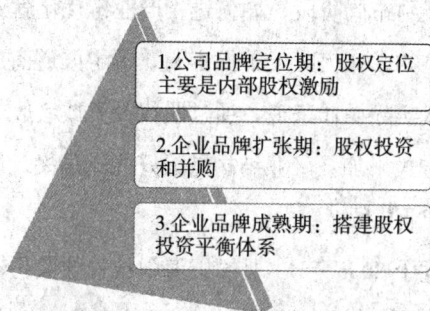

图1-2　企业股权定位的重要性

第一，公司品牌定位期：股权定位主要是内部股权激励。

众所周知，企业成长初期也是品牌建立的关键时期。只有确认品牌定位，才有利于企业未来的发展。一般来说，企业在创业时，是需要团队做支撑的，因而企业股权定位需要放在企业内部的股权激励上，充分发挥团队的力量。

例如：

宁波方太集团为激发员工为企业创造价值的潜力，提出建立一套非上市公司员工中长期激励机制。该机制于2010年5月正式施行，员工在次年就可分享公司上年度净利润总额约5%的比例分红。

实行这一制度后，员工为了提高自己的切身利益，会在公司技术开发中，想着如何减少费用支出，如何减少消耗，最大限度地保证自己的年底分红。

可以说，这套机制达到了最初的目的，令员工产生"股东"感觉，因而会更加努力工作，创造更多的财富。

第二，企业品牌扩张期：股权投资和并购。

当企业发展到布局阶段，如何进行产业链优化就成为突破企业发展的关键。例如，如何对上游供应商、下游渠道商加强管理。针对这类问题，从实际操作来说，通过股权投资或者股权并购、经销商股权激励等方式来加强产业结构是最好的。最终，形成以利益共同体为导向的产业集团。

例如，成立于2005年11月的上海中技桩业股份有限公司，是目前国内规模较大的生产、销售离心方桩的企业。方桩行业利润低，技术含量低，从业人员整体素质也低，但是中技桩业却从中打造了自己的核心技术——离心方桩，因而借此定位打开了一个市场缺口。

2007年，上海经邦咨询公司为中技桩业设计股权激励方案，寻找到战略投资伙伴，并成功兼并行业内不景气的生产商，达到了快速抢占市场份额的目的。

最终，上海中技桩业股份有限公司从 2007 年到 2012 年企业规模迅速扩大，在全国拥有 27 家分公司。

第三，企业品牌成熟期：搭建股权投资平衡体系

随着企业单线产业链不断加强，企业很容易受到大环境的不良影响而衰退。为降低风险，企业需要多元化发展，搭建股权投资平衡体系，包括股权投资、收购或者入股等形式。

1.4　企业股权运营好，江山定一半

公司创业时需要技术合伙人、运营合伙人、管理合伙人等核心人员共同努力，才能把企业发展壮大。好的股权结构在运营时，能帮助企业吸引到"技术、管理、运营、资源、资金"这五要素，令企业更好发展。

如图 1-3 所示：

图 1-3　股权运营五要素

第一：技术要素：让企业从无到有。

作为互联网创业，技术是创业者首先面对的问题。之所以认为技术是股权结构中的重要要素，是因为技术通过给企业提供产品策划、技术开发及获得项目部分股份，而在企业的核心股权地位中拥有一席之地。

例如，"微信之父"张小龙出色的专业技能让微信成为与 QQ 并驾齐驱的即时通信软件。

最初，当微信 IOS 版在 2011 年年初上线时，用户反映不理想。于是，张小龙给微信添加了更贴近人性的功能，比如查找附近的人、朋友圈、摇一摇等，用户量开始大幅度增长。后来，微信又陆续增加了公众号和微信支付等新功能，奠定了微信在移动领域的霸主地位。

第二，管理要素：技术打天下，管理定江山。

初创企业利用股权结构吸引到了技术人才，还需要稳定的团队帮助企业运营。因而，股权结构中需要有管理部分做支撑。

例如，蔡崇信就是阿里巴巴的重要管理人才。他提出了阿里巴巴的股份和权益设计要点，将初创团队 18 个人的利益结合在一起，最终令团队成员为了共同的目标而努力，并且将 18 人团队维系了 8 年之久。

第三，运营要素：让客户数量产生裂变效应。

互联网的发展令市场竞争越来越激烈，对用户的要求也越来越高，因而产品体验度开始重于技术。但好的体验就得依靠运营人才来塑造。

腾讯、百度等企业之所以能成为行业里的佼佼者，就是因为他们重视运营，用高薪、股权引进高级运营人才。

李开复曾说，"最好的创业 = 大量有效的资金 + 持续正确的商业决策 + 有才华的员工"；乔布斯则把四分之一的时间都用在招聘工作上。可见懂运营的人才，对于企业发展有着举足轻重的作用。

企业股权架构中有了运营要素，才能运转良好。

第四，资源要素：企业发展的助力军。

一家企业的股权结构里，除了要有技术、管理、运营人才，还要重视资源。在实际操作中，很多企业创始人会将股份让给有潜在资源的人，利用股权置换多方资源。

第五，资金要素：令企业充满活力。

经济基础决定企业建设。企业资金，在股权结构中的设置比例不容小觑。很多企业万事俱备，只欠资金。因而资金要素比例，会随着企业的发展不断增加。企业要发展，必然要引进资金。

1.5　案例：软银孙正义的投资之道

放眼全球，日本首富孙正义绝对称得上世界级成功投资人典范了。1981 年软银集团成立至今，在孙正义的管理下，已投资全球超过 600 家公司，在 300 多家科技公司拥有多数股份。

2017 年举行的软银股东会上，孙正义谈道：在过去的 18 年里，软银投资拿到 1750 亿美元回报，平均每年增值 44%。而在中国，他最为人所乐道的是投资阿里巴巴 2000 万美元，获利近 3000 倍，这近乎是投资界的神话。

从孙正义的投资历程来看，他之所以成功，和他独特的投资策略及不拘一格的投资管理理念是分不开的。

从软银投资成功轨迹来看，孙正义的投资特点如图 1-4 所示（见下页）。

第一，向具有优良前景的非传统企业投资。

例如投资雅虎、阿里巴巴。孙正义和思科合作，拿下日本互联网的桥头堡，随后又拿下雅虎宽带，接受沃达丰，并且在日本引进苹果手机，做了日本唯一代理苹果的运营商。孙正义在日本是电信互联网企业家。

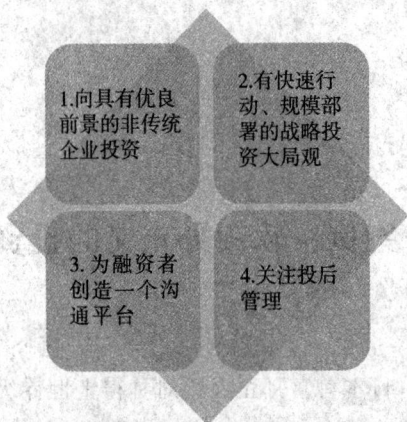

1.向具有优良前景的非传统企业投资	2.有快速行动、规模部署的战略投资大局观
3. 为融资者创造一个沟通平台	4.关注投后管理

图1-4　孙正义的投资之道

第二，有快速行动、规模部署的战略投资大局观。

从孙正义一贯的投资策略来看，他给予创业者充足的资金，让创业者专心搭建新型商业模式并完善相关技术，以尽可能快的速度推出产品。

例如，1996 年，当时 26 岁的在读博士生杨致远创立的雅虎还不成熟，却成为孙正义进军互联网的投资对象。孙正义前后向雅虎投了 1 亿美元。而在当时，投资互联网 100 万美元已经是天文数字了，更何况 1 亿美元。

孙正义坚持认为，在杨致远这群年轻人身上，看到了当年自己也曾有过的热情和力量，他认为雅虎值得自己投资那么多。正如他所说："只要有一个能够让你感到兴奋的梦想，你的人生就不会没有意义。"

最终，投资雅虎的回报也是丰厚的。2001 年，雅虎的股价一度达到了 250 美元，按照孙正义当时的投资来看，他得到的收益是 100 倍之多，也正因此，他对雅虎的投资成为华尔街的经典案例。

第三，为融资者创造一个沟通平台。

孙正义新设立的软银愿景基金，不只是为项目投资，还邀请公司加入"家庭"。这是指，当基金投资的公司达到 70~100 家，就相当于拥有科技创业公司集合体。也就是说，成为一个生态系统，彼此互为客户和系统，能促进整个创业公司群体快速、健康地发展。

第四，关注投后管理。

正如孙正义所说："当投资的公司渐渐增加，协同的可能性是无穷无尽的。愿景基金是一个平台，投资的公司可以彼此激励，相互合作。"

因而软银在投资后，不只是投入资金，还要有后期跟进服务。这对初创企业来说，是不可多得的指导。

第二章　　股权结构：
保证创始人牢牢控制企业

有一种说法——"投资＝投人＝投股权架构"。之所以会有这样的论断，是因为股权结构对一家公司的长远发展有着举足轻重的意义。

好的股权结构，能帮助企业快速发展。从"真功夫"到"1号店"……一系列的反面教材告诉我们，股权结构一旦出现问题，就会直接导致公司分崩离析。

因而，我们一定要重视股权结构，确保创始人牢牢控制企业。

2.1 股权结构的重要性

一般来讲，股权结构有两层含义。一种是指股权集中度。从这个意义上来说，股权结构的三大类型是：股权高度集中，绝对控股股东一般拥有公司股份的 50% 以上，对公司拥有绝对控制权；股权高度分散，公司没有大股东，所有权与经营权几乎完全分离，单个股东所持股份的比例在 10% 以下；公司拥有较大的相对控股股东，同时还拥有其他大股东，所持股份比例在 10% 与 50% 之间。另一种是指股权构成。意思是，不同背景的股东集团，包括国家股东、法人股东和社会公众股东分别持有的股份。

股权结构是公司治理结构的基础，合理的股权结构设计对公司的良好发展助益甚大。从实践中我们总结出，股权结构的好坏，关系到公司的团队搭建，以及利益分配与公司治理之间的关系。打个比喻，股权结构是公司的地基，一旦股权结构出现问题，将会严重影响公司的正常发展。

2.1.1 股权结构和公司治理

在实践中，我们发现，股权结构对于公司治理的影响，主要表现在对公司经理的监管和对外部小股东的侵占两个方面。

公司在面对同类产品竞争、资本市场评价和控制权市场环境时，为实现持续经营、保持和增强竞争优势，通常会采用股权结构的手段，进行市场化选择和商业运作。公司股权结构是公司治理结构中重要的组成部分，是治理结构中的深层次问题，对于企业的经营业绩、收购兼并、代理权竞争及监督机制的建立都有非常大的影响。

企业中主要存在的几种股权结构形式有：（1）股权高度集中的，公司拥有绝对控股股东；（2）股权高度分散的，公司没有大股东，所有权与经营权相分离；（3）公司拥有较大相对控股股东的同时还拥有其他的大股东。

虽然股权结构会因为企业情况的不同而有所不同，但上述结构基本涵盖了所有股权结构类型。

股权结构和公司治理之间的关系，如图 2-1 所示：

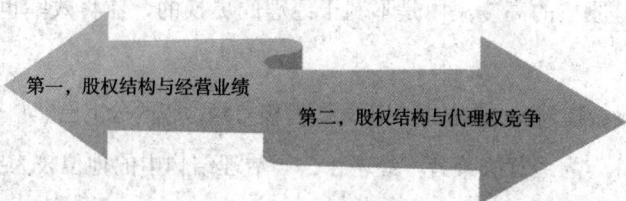

第一，股权结构与经营业绩

第二，股权结构与代理权竞争

图 2-1　股权结构和公司治理之间的关系

第一，股权结构与经营业绩。

股权结构的重要性，首先表现在对公司绩效的影响上。股权集中制，或者是有大股东的存在，在一定程度上有利于公司的经营激励，减少代理成本。也就是说，控股股东所拥有的公司股份越大，经营者和股东之间的利益就越一致，委托代理的成本就越小。但是也要注意到，股权过于高度集中，不利于中小股东权益的实现，也存在大股东利用优越地位为了自己采取牺牲小股东利益的行为。

与此相对应的是，当公司股权处于分散状况时，经营者和股东的利益很难协调一致，虽然期股期权、年薪制等可以改善这种状况，但并不能从根本上解决问题。

第二，股权结构与代理权竞争。

公司治理，是研究企业所有权与经营权相分离的情况下的"代理人问题"。

通常拥有绝对控股权的大股东所委派的代理人，在与其他人争夺代理权的过程中，拥有绝对的优势。这就造成了除非该代理人不再被大股东信任，才有可能交出代理权。然而，要大股东意识到自己的任命发生错误，通常需要比较大的成本。从这个角度来看，股权的高度集中是不利于经理的更换的，监督效率也会打折扣。

股权在高度分散的情况下，所有权与经营权的分离已非常充分。而且，作为经营决策者，经理在公司治理结构中的地位较为突出。同时也因为他们对公司经营信息掌握得最充分，信息处于劣势的小股东，就会非常重视他们的意见和看法。因而对于小股东来说，他们不愿意主动监督代理人，更不会去要求更换现任代理人。股权高度分散的情况下，公司经理更换的可能性同样较小。

公司股权较为集中，但是集中程度有限，也就是说，存在相对控股股东的股权结构，是最有利于代理人在经营不佳的情况下，迅速作出调整的股权结构。这种情况的产生，原因是：（1）相对控股股东持有的股份数量大，因而他们有动力和能力去发现经理在公司经营管理中存在的问题，并对经理更换高度关注。（2）相对控股股东可以争取到其他股东的支持，换上自己认可的代理人。（3）由于股权集中程度有限，相对控股股东的地位容易动摇，不能保证自己支持的经理是否一定在位。

根据上面的几点，我们或许可以认为，股权相对而言较为集中，并且企业又有若干个可以相互制衡的大股东，这种股权结构是最有效率的，也是最有利于经理在经营不佳的情况下迅速调整的一种股权结构。此类股权结构，可以解决股东之间的激励和制约机制问题，避免过于集中的股权结构和过于分散的股权结构所造成的股东非理性行为，并在股权持有量有适当差距的前提下，使得各股东都能积极参与企业发展，形成有效制衡的局面。

总体来说，股权结构是公司治理机制中，监督机制的基础和前提，不同的股权结构会带来不同的内部监控效率，从而影响整个公司治理的效率。

2.1.2　不合理的合伙人股权结构

对于创业公司来说，合理的股权结构发展至关重要。通常来说，股权结构一旦确定了，特别是已经在工商管理部门登记了，就很难调整。而且，股权结构是否良好，将直接决定创业团队的项目是成功还是失败，因而股权结构在搭建之初，就要谨慎对待。

通常来说，合伙人股权结构之所以不合理，通常会有如图2-2所示的几点原因。

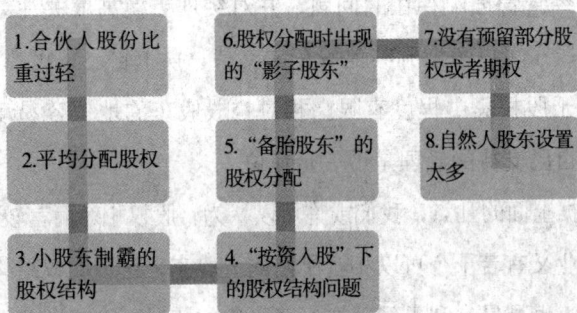

图2-2 合伙人股权不合理的原因

第一，合伙人股份比重过轻。

即在股权分配时，对于团队中每个成员投入的资源、职位和角色的重要程度，以及每个人投入的初始资金、对项目的成功或者是投入的精力，没有做出很好的评估。这样容易令成员感觉自己的回报和付出不成正比。

通常来说，创始人是持有最多股份的，因为他付出最多，承担的风险也最大，但是其他合伙人的利益也是要考虑。比较差的合伙人股权结构，是创始人占有97%的股权，其他三个人每人只有1%的股权或期权。

对于这种股权模式，或者是不重视合伙人，或者是创始人不愿意把股权分享给合伙人。不论是哪一种，都极易造成合伙人未来会因为得不到合理回报而离开。

第二，平均分配股权。

实践中，有很多经验不足的创业者，一开始会选择平均分配股权。例如两个创业者，每人平均50%的股权，或者是三个人每个人33%（或34%），四个人每个人25%的股权。这种平均股权的方式，看起来似乎是照顾到了每个人，其实隐患很大。

平均分配股权有三个可能的恶果：

（1）由于股权都是一样的，因而公司没有明确的决策者，导致公司运营效率低，也谈不上快速发展。

（2）由于股权是平均分配的，当公司发展遇到困难时，众股东很可能因为没有领头羊坚持，而选择放弃。

（3）当公司发展到一定规模以后，股权分配过于平均，可能导致股东之间争夺公司的控制权。比如，中式快餐"真功夫"，蔡达标夫妇和小舅子潘宇海一开始是平均股权，后来蔡达标夫妇离婚，两家对立，开始争夺公司的股权和控制权，最终蔡达标锒铛入狱，企业的发展也受到影响。

第三，小股东制霸的股权结构。

有些企业，虽然某个股东占有的比例比较少，反而决策力最强。例如，某个企业刚开始有两个股东，其中A占股51%，B占股49%。后来企业又招进核心技术人员C。为了留住C，A和B决定每人拿出2%的股份，即总计4%的股份转让给C。

这时，A的股份从51%降为49%，B的股份从原来的49%变为47%，C占股4%。看起来C没有什么发言权。但是，当A和B发生矛盾时，C的4%的股权分量就变重了。

股权激励与合伙人制度落地

因为 B 47% 的股份加上 C 4% 的股份，正好是 51%，而 A 的股份则是 49%。大股东 A 反而说了不算，要看 C 的站队了。

针对这种状况，在分配股权的时候，要注意分割股权的分红权和表决权。

第四，"按资入股"下的股权结构问题。

例如三人合伙开公司，共投资 100 万。其中 A 投资 50 万，B 投资 30 万，C 投资 20 万。按照投资比例，其中 A 占股 50%，B 占股 30%，C 占股 20%。看起来，这样的股权分配比例不错。但是，正因为 A 投资了 50 万，比 B 和 C 投入的资金都多，因而 A 不得不对公司付出特别多，不只是资金，还要搭上自己的时间、精力。而 B 和 C，他们觉得自己是小股东，因而对公司并没有 A 上心，只是偶尔去看看，主要是等年底分红。时间一长，A 心里不平衡，觉得自己不但出资最多，感觉还给 B 和 C 打工了。

于是，这种"按资入股"的股权分配问题就出现了。事实上，在分配股权的时候，不仅要根据资金投入分配占股比例，还要考虑人力贡献因素，最终结合各方面因素来确定所有合伙人的占股比例。

第五，"备胎股东"的股权分配。

有些股东同时投资了多个事业和项目，对于他们来说，每一份投资都只是兼职。一个企业中，存在这样的股东是比较危险的。就当前的经济环境来看，创业成功率变得越来越低，即便合伙人都拿出 100% 的时间和精力创业还不一定成功，更何况企业里还有几个股东在经营着其他事业。

第六，股权分配时出现的"影子股东"。

企业家在创业时，有时会给有资源优势的人一些股份。他们只需要提供资源，就能直接拿到分红。这类"影子股东"虽然能帮助企业发展，但是，任何一家企业一旦有了这类股东，就相当于不规范经营，反而影响企业发展。

第七，没有预留部分股权或者期权。

对于创业公司来说，为了在未来引进优秀的合伙人和骨干，公司一定要在创业初期预留一部分股权或者期权。通常来说，这部分股权或者期权，可以预留 15%-20%。如果核心团队还不太完整，就应该预留更多的股权或期权。但是，公司预留的股权或者期权不能分得太早、太快。创始人千万不能为了激励员工，在早期给予过多的期权和股权，以致到了企业发展中期，需要引入关键人才时，才发现预留的股权和期权不够了。

另外，要约定股权的成熟期限或期权的既得期限（一般为四年），退出机制也要同时设置好。持有股权和期权的员工离职时，要把股权和期权还给公司，或者由公司按照约定的价格回购。

第八，自然人股东设置太多。

虽然根据法律规定，有限责任公司可以有 50 名以下的股东，但如果真的设置那么多股东，当公司需要决策时，一定会出现众口难调的情形。例如，当公司需要决策时，小股东强调自己有知情权，大股东强调自己有决策权，双方极易产生矛盾。

对于创业公司来说，如果一开始因为资金问题，公司不得已存在众多自然人持有股份或者期权，那么可以考虑设置持股平台，由持股平台（而不是自然人）持有创业公司的股权。

持股平台通常采用有限合伙企业的形式，被授予公司股权或期权的自然人，首先成为持股平台的有限合伙人，再通过持股平台间接持有创业公司的股权。这样既可以保证创业公司的股权结构相对稳定，又可以将创业公司的决策权集中起来。

2.2　股权架构的类型

股权架构能明确合伙人的权、责、利，帮助创业公司的稳定发展，方便创业企业融资。同时，股权架构也是影响公司控制权的一大因素，是企业进入资本市场的必要条件。可以说，在创业企业股权架构的背后，反映了企业成长所需要的各种资源，包括团队成员、技术、资本等。因而只有建立符合公司发展的股权架构，才能顺利盘活资源，实现企业和各利益相关者之间的共赢局面。

2.2.1　一元股权结构

所谓一元股权结构，指的是基于传统投资模式形成的股权架构，这种是最简单，也是比较传统的股权架构类型。

在传统投资模式下，通常是股东出钱，然后按照出资模式持股。因而一元股权架构具有一体化的股权比例、表决权（投票权）、分红权，也就是一一对应的关系。而股东之间权利的差别，是根据各自所占的股权比例定下来的。

在实际操作中，一元股权结构存在几个表决权的"节点"：（1）

一方股东持有出资比例高达 33.4% 以上；（2）只有两位股东且双方出资比例分别为 51% 和 49%；（3）一方出资比例超过 66.7%；（4）两位股东出资比例均为 50%。

值得注意的是，一方股东持有出资比例已经高达 66.7%，这意味着，公司运营在任何情形下，都已经存在表决权高达三分之二以上的绝对决策者，因而对任何表决事项，决策者都能有效决定。而如果要限制这种绝对化权利，可以在公司章程里对股东做出最低"赞成"的人数规定即可。

而在一元股权结构中，最不利的是第四种股权结构，这种双方股东各占 50% 表决权的股权表决机制，由于没有决策者，导致公司决议需要双方意见一致才能有效达成。这其实是效率最低的股权结构。

2.2.2　AB 股权结构

AB 股权结构，也称为双重股权结构或者同股不同权结构。不同于一元股权结构，AB 股权结构的公司股票分高、低投票权两种股票，高投票权的股票每股有 2 至 10 票的投票权。

AB 股权结构，最初来源于英美法系下的类别股份制度。这些年，在美国上市的 AB 股权结构互联网公司，最典型的当属京东了。刘东强以比较低的股权比例，控制了比较高的表决权，这就是因为运用了 AB 股权结构设计。

在具体操作中，通常是这种模式：把公司的股份分为 A 类股和

B 类股。这两类股在股东权利、义务方面的要求各不相同。以控制权举例，A 类股每 100 股享有一票表决权，B 类股每一股享有 10 票表决权，这就相当于 1000 股 A 类股的表决权 =1 股 B 类股的表决权。虽然 A 类股在投票权上没有什么地位，但是在利润分配、优先受偿方面会获得补偿。

但是在国内，公司法里并没有 AB 股权这种规定。事实上，目前所说的 AB 股权，只是借用境外类别股份的俗称。

我国并没有将股权划分类别，但股东们可以在公司章程中做出特别约定，将部分股权让给另外一些股东，使得这些股东控制的投票权比例超过其股权比例。

在我国，如果公司股权结构需要借鉴 AB 股权结构，那么在使用时，需要注意如图 2-3 所示的几个重点。

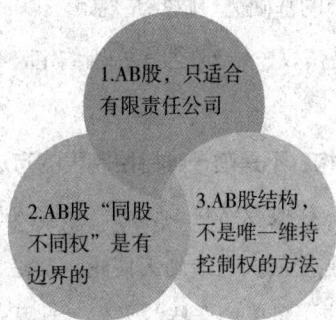

图 2-3　AB 股权结构使用要点

第一，AB 股，只适合有限责任公司。

在国内，如果要将股权结构设计成 AB 股形式，那么公司的企业类型必须是"有限责任公司"。这是由中国公司法和个人独资企业法、合伙企业法的条款内容所决定的。

第二，AB 股"同股不同权"是有边界的。

在国内不能照搬境外 AB 股制度，不能搞成类别股份制度。根据我国公司法规定，有限责任公司在股权结构设计时，可以根据公司法的以下规定，来进行适合自己公司实际情况的股权结构设定：

（1）股东表决权：允许股东特别约定，可以不按照出资比例确定。

（2）股东利润分配权：允许股东特别约定，可以不按照出资比例确定。

（3）股东优先增资权：允许股东特别约定，可以不按照出资比例确定。

（4）股东对董事、高管的控制权：不允许股东特别约定，只允许在公司法法定事项的基础上，做补充规定。

（5）股东清算受偿权：不允许股东特别约定，必须按照出资比例分配。

第三，AB 股结构，不是唯一维持控制权的方法。

公司创业前期，在股权结构设计时，借鉴 AB 股的结构是很合适的。但是，当企业发展顺利走到天使轮、A 轮、B 轮，甚至上市时，想要维持控股权，可以参考持股平台、有限合伙、契约型基金等模式。

另外，港交所也重新修订了容许拥有不同投票权架构的"创新产业公司"上市的规则。其中，对创新产业公司的特征，多了以下几点描述：

（1）能证明公司成功营运有赖其核心业务应用了新科技、创新理念或新业务模式，亦以此令该公司有别于现有行业竞争者。

（2）研究及开发支出为公司贡献一大部分的预期价值。研究及开发亦是公司的主要活动，占去大部分开支。

（3）能证明公司成功营运有赖其独有业务特点或知识产权。

（4）相对于有形资产总值，公司的市值／无形资产总值极高。

另外，港交所在上市规则最新修订的咨询总结中，提出了额外规定和股东保障措施：

（1）上市后不得提高不同股权比例。

（2）不同投票架构须为股权架构，而不同投票权股份的投票权不得超过普通股投票权的 10 倍。

（3）同股同权股东必须占投票权的 10%。

（4）重大事宜必须按"一股一票"的基准投票表决。

（5）加强披露。

（6）加强企业管治。

（7）组织章程的法律效力及法律补救行动。

2.3 4×4 股权结构

在国内，现在比较流行的是 4×4 股权架构设计。这种结构，是将公司股东分为四类：创始人、合伙人、员工和投资人。针对他们的权利进行整体性安排，以实现企业维护创始人控制权、凝聚合伙人团队、让员工分享公司财务及促进投资人进入等目标。

2.3.1 4×4 股权结构思路分析

4×4 股权架构设计的思路主要有三大步骤：

（1）将公司股权分出投资人和创始人的份额。

（2）将剩余的份额，分给合伙人和员工。再根据个人对公司的贡献，细分每个人应该得到的股份。

（3）查漏补缺，看按照前两步分得的股权是否有不合理之处，进行调整。

在进行股权设计时，需要对自己的企业进行充分研究，理清以下问题：

（1）企业类型，例如属于人力驱动型、资金驱动型，还是资源驱动型等。

（2）企业发展核心资源，例如是资金、知识产权，还是诸如办公楼、工作室等基础设施等。

（3）能提供企业所需的渠道是哪些。

（4）企业目前所掌握的资源有哪些。

（5）日后发展所需要的资源有哪些。

（6）哪些资源是企业长期所需要的，哪些又是一次性需要的。

（7）确保企业拥有所需要的资源方式。

之所以分析这些问题，主要是为了以下两个目的：

（1）分析企业类型和企业发展所需的资源，是为了给企业股权架构设计提供一个股权划分的方向标准。例如，以资金为驱动型的企业，资金是决定企业发展的重要因素。而对于人力驱动型的企业，员工或者部分合伙人是提供所需资源的人群，所以，股权分配时，应给员工和合伙人预留更多的股权份额。

（2）为了满足所有资源提供者的需求，让企业股权架构设置合理，就需要将投资者、创始人、合伙人和员工进行逐一分析。

2.3.2　投资人角度分析

从投资人角度看，投资人愿意投钱给初创企业，除了肯定创业项目本身及创始人能力，还包括肯定公司组织架构和股权架构。一般来说，投资者对企业股权结构分配有以下要求，如图 2-4 所示（见下页）。

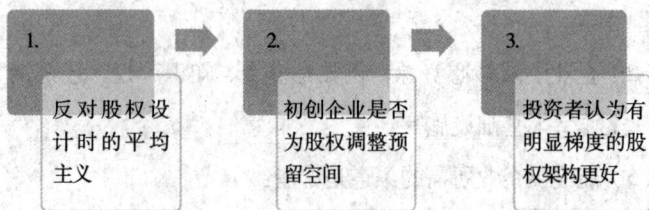

图 2-4　投资者对企业股权结构分配要点

第一，反对股权设计时的平均主义。

平均主义的股权设计，会造成无人愿意承担公司决策的后果。因而对于初创企业来说，投资者更偏向于公司有一个对企业有控制权的决策者，不至于企业无法做出有效的决策。这种股权结构，通常会有 66% 以上、51%、34% 这些比较关键的比例。

第二，初创企业是否为股权调整预留空间。

具体是指，是否给员工激励和风投预留股权。创业者需要有长远的眼光，考虑企业在往后发展中，引入人才和资源，千万不能在最初就把股权分配足。此时就要有股权池或期权池。一般来说建议股权预留的比例大概在 15%-20%；也可以选择各方拿出 5% 的股权，放入股权池中，等以后根据每人的不同贡献，进行股权的调整。

要在早期建立股权池，因为晚期建立，股权就可能被投资人稀释。

第三，投资者认为有明显梯度的股权架构更好。

虽然资金对于任何一个企业来说，都是至关重要且贡献最直接的资源，但是企业股权就这么多，如果一开始让投资者占了大股，就没有剩余的股权分配给其他人，很有可能造成企业有钱，但是办不了事情。

因而一般采用"创始人持股50%-60%+联合创始人持股20%-30%+预留股权池10%-20%"的股权结构。

另外，投资者提供给企业的资金，不管是用于业务还是给员工派发薪酬，都是令企业受益的。因而当投资者投资后，应该直接分配到股权。但对于投资者来说，获得企业股权并不是唯一目的，而是要在企业升值后将股权变现。因而企业也需要在之后的融资中，将一定的股权份额分给新的投资者，所以一定要设定好退出机制。

2.3.3　创始人角度分析

企业创始人为了不被踢出局，要求自始至终对企业拥有绝对控制权。在创业初期，创始人所占的股权比例就要比较大，最好是一股独大，达到既能对企业绝对控制，又不至于有失公平的程度。

但是，在实践中，创始人在初期拥有的股份，日后还是会被稀释。例如企业用于员工激励的股权，以及遇到急需引进对企业至关重要的资源时，都会涉及企业股权的兑换，而这时，创始人让出股份的可能最大。

在初期，股权份额可以由创始人和合伙人商量而定，但是随着企业发展经历几轮融资后，股权结构势必会发生变化。为了维护创始人对企业的控制权，需要提前做好股权布局。

实现创始人对企业控制的最好方式是股权控制。前面提到的 AB 股权结构，虽然在国内还不能完全照搬运用，但是，在公司章程中，可以对局部内容进行调整，保证创始人或创始团队拥有更多具有高表决权的股票，其他对企业决策起不到大作用的股东获得更多低表决权的股票，来实现对企业的控制。

另外，创始人或者创始团队，还可以通过如图 2-5 所示的几个方式，来维护创始人对企业的控制权。

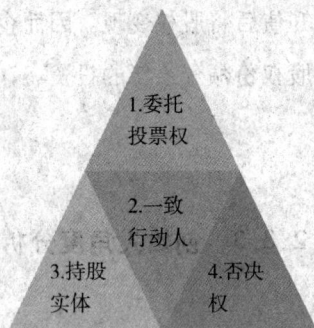

图 2-5　维护创始人对企业的控制权

第一，委托投票权。

指的是由小股东签署授权委托书，将公司所持有的表决权授予创始人，同时约定委托表决权不可取消，或是有一个很长的授权期限。

第二，一致行动人。

创始团队的股东签署一致行动协议，公司事项要进行表决的时候，依照统一意愿去表决。而其他股东与创始股东意见不同时，按照创始股东意志表决。

第三，持股实体。

小股东通过持股实体间接持有公司股权，而持股实体对应的表决权，由创始股东来控制。因而创始股东除了能行使自己所持有的股权所对应的表决权以外，还能行使小股东所对应的表决权。

其中，持股实体的形式有两种。

（1）有限责任公司：将创始股东设定为公司的法定代表人，唯一的董事、经理，这样有限责任公司就由创始人实际控制。持股实体所代表的表决权，就由创始股东实际控制。

（2）有限合伙企业：有限合伙企业是由普通合伙人控制的，因而创始人股东作为有限合伙企业的普通合伙人（GP），其他股东为有限合伙人（LP）介入企业。其中，有限合伙人是不能参与有限合伙的经营管理和决策的，因此创始股东也就控制了这个有限合伙企业所持有的目标公司的表决权。

持股实体适宜在创始团队各方面资本都比较雄厚后再设置。但是，如果初创企业的人员设置比较完善，或者是初创企业发展到后期，也可以使用这种办法。

第四，否决权。

重大事项指的是包括合并、分立、解散，以及公司融资、公司上市、公司的年度预算结算、公司重大资产的出售、公司的审计、重大人事任免、董事会变更等等。事实上，当创始人有了否决权，即使他们手中的股权低于50%，公司股东会的决定，没有创始人的同意表决也不能通过。对于创始人来说，这就起到了防御性的作用。

在处理完投资人和创始人的股权结构后，需要将视线转向合伙人和员工的股权。

需要考虑的是，合伙人和员工分得股权的份额多少，以及决定是否分，分多少。做出这类决策的衡量标准，是合伙人、员工是否能给企业的发展带来资源。

但是，资源也有长短期之分。

所谓短期资源，指的是能为企业提供短期贡献，为企业解决某一个时期内的问题。例如，某投资人提供公司设立时需要的政策，或者是提供某一项有需要的技术。但是，这些政策或者技术，在未来公司是不需要的。因而对于这种短期资源，可以考虑不用股权来交换，而是用别的方式来获得，例如彼此之间讨论项目合作。

而对于长期资源提供者来说，其为企业提供的资源是长期有贡献产出的，这时就要考虑是否需要根据贡献的大小，给他们分得相应股权了。

2.3.4　合伙人角度分析

关于企业合伙人，首先要明确什么类型的人才符合初创企业的需求。事实上，那些短期资源提供者、投资者、外部投资人等，都不适合成为企业合伙人。另外，企业合伙人也是有一定限额的，因而在选择合伙人的时候，尽量挑选那些资源能够互补的、创业的能力和心态比较好的伙伴。

在确定了合伙人之后，还要设立机制，让合伙人通过资源的实际付出来换取股权，也就是股权成熟机制；另外，合伙人也有可能因某些原因而退出合伙机制，因而需要考虑好合伙人股权兑现和回购机制，或者是考虑使用限制性股权，如图2-6所示。

3.限制性股权

2.股权回购

1.股权成熟机制

图2-6　合伙人角度分析股权

第一，股权成熟机制。

目前比较常见的股权成熟模式包括：年度成熟型、项目进度型，以及投融资进度型和按照项目的运营业绩（营收、利润）型。通常，根据合伙人能为企业提供的资源类型和性质，选择不同的成熟模式。例如，能为企业常年提供劳动力的合伙人，适合用年度成熟型。年度成熟型指的是将分给该合伙人的股权，分成几年成熟。合伙人在企业工作一段时间，股权就能成熟一部分。如果合伙人提前离开，就不能再获得股权。

第二，股权回购。

如果对于合伙人股权的获得，并未设立成熟机制，或者，设立了成熟机制的股权，但是合伙人尚未完全获得股权就离开了企业，那么对于那些尚未拿走的部分股权，都要设立回购方案，拿回这些离开企业的合伙人的股权。

在此基础上，需要确定在公司章程或者是对合伙人具有约束效力的其他文件中，规定在合伙人退出企业时，企业对退出的合伙人手中的股权要有回购权利；另外，还要确定，当发生回购时，双方需要签订股权回购协议。协议里要包括回购方和被回购方身份信息、权利义务、股权回购事宜，以及价格等基本信息。

第三，限制性股权。

股权是可以先发放的，企业如果觉得不适合，股权也可以回收。企业在给合伙人发放限制性股权时，需要通过签订协议约定，如果合伙人提前离开企业，或者合伙人将股权转让他人等，企业将有权利将股权回收。

2.3.5 员工角度分析

我国公司法规定，股权必须与注册资本对应，因而给员工预留的股权，只能放在股权池或者期权池中，不能直接预留股权。

通常，我国预留的股权有如图 2-7 所示（见下页）的几种方式处理。

第一，创始人代持。

在公司设立时，由创始人多持有部分股权（对应于期权池），公司、创始人、员工三方签订合同，行权时由创始人向员工以约定价格转让。

第二，将预留的股权放入持股实体中。

设置持股实体，将员工期权所对应的股权放入其中，由公司创始人掌握持股实体所有的公司表决权。

图2-7　预留股权处理方式

第三，虚拟股票。

在公司内部建立特殊的账册，员工按照在该账册上虚拟出来的股票享有相应的分红或增值权益。华为的员工激励就是使用这种方式。

在对员工使用股权激励时，需要考虑员工的需求。对于有的员工来说，他们只是想获得劳动报酬，因而就没必要对他们给予股权激励，只要正常发放薪水即可。而对于那些愿意接受股权的核心员工，是有必要考虑进行股权激励的。

2.3.6　整体角度分析

企业的股权设计，还要经得起最后的检验，建立起股权设计的最后一道防线。通常检验的内容如图 2-8 所示。

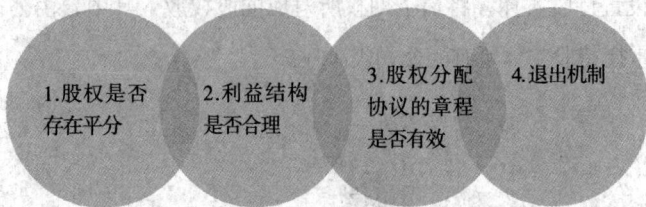

图 2-8　检验股权设计要点

第一，股权是否存在平分。

例如，一家公司三个股东的持股份额分别为 50%、30%、20%，会间接导致决策僵局。

第二，利益结构是否合理。

股权分配导致的利益结构是否合理，股东得到的股份比例与股东给予公司的贡献是否成正相关。

第三，股权分配协议的章程是否有效。

股权分配时所涉及例如将决策权、分红权与股权比例分离的，或者是否赋予创始人一票否决权等权利，是否需要更改公司章程，是否需要重新签订协议。

第四，退出机制。

当投资人决定退出股份获利时，其退出机制是否已经协商好。

2.4　合伙人股权架构

创业者在创业时会遇到各种风险。其中，团队风险应该是最大的一种。事实上，一个项目在商业逻辑可行的情况下，团队成员是最核心的要素了。在投资界，有一句很经典的话，说是"投资就是投人"，可见合伙人的重要性。

而所谓的团队风险，其实就是指，项目中各个创始人之间的投入和产出不相匹配，导致人心涣散，有时甚至公司刚开始盈利，还没有走上正轨，就因此而分崩离析。

因而企业是否有适合其自身情况的股权架构，对其发展有着深远意义。

2.4.1　合伙人股权设计的五个实用方法

作为有强烈参与企业经营意愿的合伙人，不但要出钱出力，而且还要对企业做出长期的贡献。而合伙人的股权设计，除了根据企业性质和某些特殊的原因外，从普遍性质来讲，可以参考如图 2-9 所示（见下页）的五种情形。

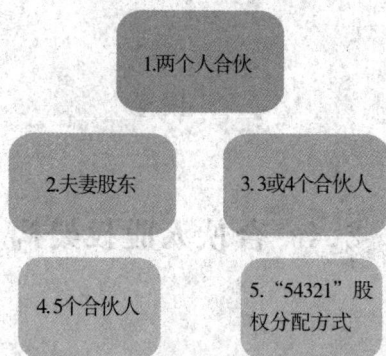

图 2-9　合伙人股权设计

第一，两个人合伙。

两人合伙模式是比较常见的，股权分配方法也相对更为简单，可以从以下几类来确定股权大小：

（1）是否全职。

① 如果都是全职干活，能力上面，建议一强一弱，股份比例方面，能力强占大，能力弱占小。

② 如果两个合伙人，有全职也有兼职，那么全职工作的人，投资小钱，拿大股份；不工作或者兼职的投资人，则是投资大钱拿小股份，这种股权分配模式就会牵涉到谁是发起人的问题。

通常来说，谁发起，谁带头。但是也有可能是，发起人兼职干，后进合伙人全职干。可以这样来解决：一是发起人变成投资人，占小股；二是如果不愿意投大钱占小股，那么就通过分红方式约定，干活多的人可以多拿钱。通常建议，干活的人在工资、奖金、分红三个方面多拿一点儿。

事实上，股权比例分配解决了权力的问题，股份分红比例解决了合伙人之间利益平衡的需求。

（2）投资额占股。

通常情况下，两个人的合伙会根据投资金额来分配股权。但是，这要根据实际情况来看是否合理。

例如，假设两人共投资 100 万，其中 A 投资 20 万，占股 20%，B 投资 80 万，占股 80%，但是，A 是全职干，B 只是投资不干活，那么，从这里看，已经有一定的不合理性了，A 是很难有信心，或者有责任将企业做好的。

但是，如果考虑到 A 是发起人，那么可以将股权调整为：A 投资 20 万，占股 80%，B 投资 80 万，占股 20%，这样更加合理。

另外，投资人持股尽量不要超过 30%，雅虎曾经持股阿里接近 40% 的股权，给马云带来了巨大的困扰，赎身的代价超过 80 亿美金。

而关于股权比例，通常可以二八分，或者是三七分，这样可以让带头人有绝对控制力。因而这种股权分配方案，可以说是两个人合伙最安全、最稳健的合作方式。

两人合伙有以下几种常见的错误分法，是需要规避的。

① 50%、50% 的股权比例：股权比例的平均分配，导致权力的抗衡，严重影响企业的发展。

② 90%、10% 的股权比例：这种比例太过于悬殊的股权结构，如果在未来一段时间内不引入新合伙人，是不利于小股东发挥积极性的。

③ 51%、49% 的股权比例：根据我国公司法的章程规定，51%

拥有对一家公司的相对控制权，而 34% 拥有对一家企业重大事项的一票否决权。因而两个合伙人其实都可以对公司的大事做决定，也就是说，谁说了都不算。因为这种原因分家、做死公司的不在少数。

第二，夫妻股东。

夫妻合伙的风险，本质上不是两个人，而是一个家庭。对于夫妻来说，虽然是共同创业，但无论是从股权还是从婚姻法的角度来讲，都是属于夫妻共同财产。因而夫妻股东，从财务的角度来看，做起事情来，肯定是非常认真的；但又因为夫妻感情，会对权力的作用和规范治理不清楚。而且因为是共同财产，股权比例无论怎么分，天然的就是 50% : 50%。所以，在企业发展中，出现问题或者面临重大决策时，如果两人都各执己见，虽然目的是为了企业更好发展，但不论是从股份权利还是情感上，反倒是对公司发展不利。

针对这种情况，可以采用"分红权各自 50%；表决权，论谁最早创业、谁承担责任更大、谁带头，谁就拥有 100% 的表决权"这种方式来解决。也就是说，如果是老公带头，认为这样还不够，老公可以把 100% 的分红权给老婆，家里老婆说了算，100% 表决权归自己，公司里面自己说了算，公司层面互不干涉，皆大欢喜。

第三，3 或 4 个合伙人。

3 个合伙人的情况下，大股东股权比例大于二股东和三股东的股权之和，这种股权结构是最好的。之所以这样认为，可以从下面的数据中看出。

（1）假设 A 的股权比例是 48%，B 的股权比例是 47%，C 的股权比例是 5%。这种情况下，5% 的持股者反倒成为决策的决定者。

因为 B+C 的股权是大于 A 的。而 A+C 的股权，自然更是大于 B。因而这种股权分配，不利于公司决策权的稳定性，造成小股东掌控大股东的局面。

（2）假设 A、B、C 三个股东，当初是按资入股，也就是说，A 的股权比例是 33.4%，B 是 33.3%，C 是 33.3%。其中，A 是发起者，B 是管理和运营人员，C 没有参与管理。当企业的效益越来越好时，A 和 B 的心里开始失衡，并对 C 有了抵触情绪。虽然后来三人的股份在律师协调下进行了调整，但是 A 为此付出了一定成本。

因而 3 个合伙人或者 4 个合伙人，要避免以下几种股权设计结构。

（1）35%、18%、18%、29% 的股权比例。这是典型的四个股东博弈型股权结构，合作起来大家都不会轻松。

（2）95%、3%、2% 的股权比例。一股过于独大，另两个合伙人终究做不长久。

（3）40%、40%、20% 的股权比例。三股东会绑架大股东与二股东。

（4）40%、30%、30% 的股权比例。这种股权结构是雷士照明的最初股权结构，让创始人吴长江吃了大亏。因为很明显，创始人大股东并没有真正的企业控制权。

关于 3 个人，或者 3 个人以上的合伙，对于大股东来说其实是很不安全的。一旦股权分配出现问题，就容易出现小股东做主的闹剧。而且，如果二股东、三股东，甚至小股东对大股东做出的决策表示不满（或许可能大股东为了企业的发展，暂时没有满足二股东、三股东的利益），那么他们就很容易联手，对大股东的经营管理进行干扰。

当年，乔布斯被赶出苹果就是这种股权结构引起的。

第四，5 个合伙人。

5 个人合伙的股权比例设计，有以下几种常见的分配方式。

（1）A > B+ C + D+ E。A 的大股东地位明显，但是容易形成独裁，容易制造重大事项决策上的风险。

（2）A < B+ C + D+ E。A 的大股东地位，相对小于其余四个股东之和。但仍然是一股独大。但是，在做重大决策时，如果 B、C、D、E 四个股东都不同意，那么，或者是这项决策有问题，或者是 A 的眼光、领导能力有问题，不能让其余的股东信服。如果是这样的情况，那么，很可能会引起后续的撤换领头人的事件。

（3）B+ C +D > A > B + C。这种股权结构，常见的是创始人拥有超过 34% 的一票否决权，对于企业的决策，比较容易起到风险防范，并且也保证了大股东有重要话语权的一个权力。

不论是 4 个人还是 5 个人合伙，即使创始人有一票否决权，合伙人股份加起来应大于创始人，这样在做决策时，创始人需要考虑合伙人的一致意见，从而做出更合理的决策。而 5 人合伙，也同样忌讳平分。人人有股份，相当于人人有股权。人人有权力，等于人人没权力。

第五，"54321" 股权分配方式。

这种股权分配方式，指的是："5" 是指有 5 个股东，大家是一起合伙；"4" 是指一支独大的股东占比份额在 40% 左右；"3" 是指除了大股东，其他股东比例相加在 30% 左右；"2"是建议股东里，有两个不参与经营和管理；"1"是指预留约 10% 的期权池。

2.4.2　合伙人股权设计要点

股权设计，涉及企业的整个生命周期。而股权设计背后的利益分配，实则是股权设计的重中之重。

一般来说，合伙人股权设计需要注意如图 2-10 所示的这几点。

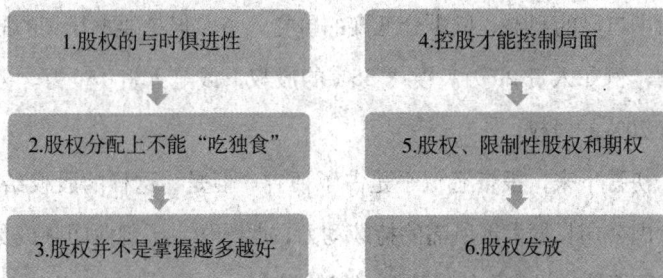

1.股权的与时俱进性	4.控股才能控制局面
2.股权分配上不能"吃独食"	5.股权、限制性股权和期权
3.股权并不是掌握越多越好	6.股权发放

图 2-10　合伙人股权设计

第一，股权的与时俱进性。

过去，我们经常能看到创始人单干打天下，因而是个人 100% 控股。而现在，已经步入合伙创业时代，合伙创业成为互联网明星创业企业的标配。

在股权分配中，按资分配股权的模式，已经不适合现代企业的发展和建设。更多投资人在判断企业成长性，参考其股权结构时，会考察只出钱不出力或少出力的投资人是否遵守"投大钱，占小股",还是"投钱,拿钱,完事"。

第二,股权分配上不能"吃独食"。

如果某家企业的创始人,自己持有 90% 的股权,给团队预留 10% 的股权,那么,这家合伙制的公司注定做不大。

创始人能给出这样的股权比例,或者是他根本不重视合伙人的能力,或者就是不够大气,以及没有意识到,合伙是一种长期利益,也是一种"共创、共担、共享"的合伙创业精神。

第三,股权并不是掌握越多越好。

在某些企业刚起步时,因为缺乏资金,要引入投资者。而投资者为了自己的利益,以十分低廉的价格入资,但是要求很高的股权比例,例如入资 20 万,要求 55% 的股权,或是入资 150 万,要求占有 70% 的股权。

初看下来,投资者似乎是占了便宜。但是,这样的股权结构,不考虑公司长期发展所需的持续动力,严重伤害了创业团队成员的工作积极性,最终只能导致公司越做越小。

第四,控股才能控制局面。

对于创始人来说,要控制公司,最简单的方式就是控股。但是,随着公司的不断发展,一轮轮的融资下,股权被不断稀释,在这种情况下要维持控股,就要采用别的方式,例如投票权委托、一致行动人协议、有限合伙、AB 股计划等,都可以是备选方案。京东上市前用的是投票权委托,上市后用的是 AB 股计划,上市前后无缝对接。

但是,需要注意的是,控股的目的是为了更好地发展企业,因而创始人始终要统一团队分配利益的标准，让团队感觉相对公平合理，股权不出现致命的结构性问题。

第五，股权、限制性股权和期权。

股权是实对实的，公司给予股东股权，通常适用于投资人或合伙人拿的资金股。

（1）限制性股权是实对空。公司股东给出的股权，要的是合伙人未来的服务期限或者业绩达标，因而通常适用于公司合伙人或少数重要的天使员工拿的人力股。

（2）期权是空对空。公司开出的是空头支票，员工空头承诺的是服务期限或业绩，通常适用于员工。

第六，股权发放。

公司发放股权，为的是筹建一支有创业能力，也有创新心态的核心创业团队。公司通过股权发放，表明他们对团队成员能力的肯定，团队成员是否愿意接受股权，表明他们是否看好公司。而且，对于成员来说，一旦出钱购买股份，或者采用"薪酬＋股权"的薪资结构，他们也会更加积极地努力工作。

2.5 保证创始人控股权的股权结构

初创阶段的企业，股东之间的关系会靠梦想和情怀维系，对公司股权架构没有予以足够的重视，导致公司在初期设置股权架构时往往考虑不周。而当公司发展到一定规模时，不完善的股权结构就会为公司的控制权埋下隐患，容易令创始人在企业一次次的融资中，不断稀释自己所掌握的公司股份，最终导致创始人丧失对企业的直接控制权，甚至直接出局。例如1号店的股权稀释导致其创业团队最终失去对1号店的控制权。

针对这种状况，在创业之初，创始人就要充分重视企业的股权架构，将控制权牢牢掌握在自己手中。

2.5.1 股权结构设计要点

股权结构不是简单的股权比例或者是投资比例，在股权结构设计中，需要注意的是包括如图2-11所示（见下页）的五大要点。

第一，公司管理和决策权。

投资者所拥有的公司股权，都是基于投资而产生的。公司的决策权来源于股权，同时也影响公司的管理方向和规模。通常来说，股东只要有投资，就能产生一定的决策权，区别只是在于决策参与程度和影响力。

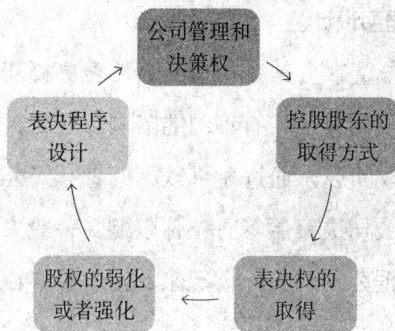

图 2-11　股权结构设计要点

第二，控股股东的取得方式。

控股股东拥有对公司的决策权。通常取得控股股东资格的方式有以下两种：（1）实际出资 50% 以上。（2）虽然实际出资没有达到 50%，但是股权比例大，通过股东联盟形式在公司形成控股局面。

第三，表决权的取得。

在没有以股权优势成为公司控股股东的情况下，为取得控股公司的权利，可以用争取表决权的方式间接获得对公司的管理。表决权的取得，通常可以在公司章程中设定，当股东在投资资金不足的情况下，可用市场优势、技术优势或者管理优势换来表决权。

第四，股权的弱化或者强化。

股权的弱化或者强化，是为了保护实际投资人的利益，同时也为了吸引更多优秀人才加入企业。有隐名股东，或者干股股东的情况下，如果有诉求行使完整股东权利，或要求解散公司并分配剩余资产，很可能会影响到公司。因而在实践中，需要利用公司章程、股东合同等形式约束股权，最大程度上避免可能产生的纠纷。

第五，表决程序设计。

虽然股东会与董事会是公司重大事件表决权部门，但是不同的公司在对待股权转让上，有不同的限制。例如，有的公司需要经代表 2/3 表决权的股东通过才可以，或者有些公司对股东去逝后其继承人进入公司决策层等有条件限制。一般来说，表决权的形式和程序要根据公司的实际情况来约定，最终目的是为了公司稳健发展。

2.5.2 股权结构九条生命线

在股权设计实务中，有所谓"股权就是生命线"的说法。其实指的是公司管理层如何利用股权，保持对公司的绝对控制，如图 2-12 所示（见下页）。

第一条，绝对控制线 67%。

（1）解释：指的是公司的一些重大事项，例如公司股本变化、增资减资、修改公司章程、变更主营项目等，需要获得 2/3 以上股支持。

（2）法律依据。

① 根据《中华人民共和国公司法》第四十三条第二款：股东会会议作出修改公司章程、增加或者减少注册资本的决议，以及公司

合并、分立、解散或者变更公司形式的决议，必须经代表 2/3 以上表决权的股东通过。

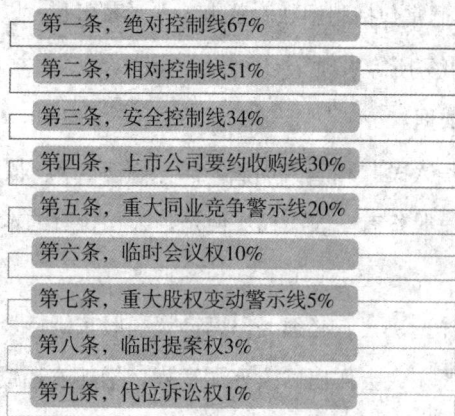

第一条，绝对控制线67%

第二条，相对控制线51%

第三条，安全控制线34%

第四条，上市公司要约收购线30%

第五条，重大同业竞争警示线20%

第六条，临时会议权10%

第七条，重大股权变动警示线5%

第八条，临时提案权3%

第九条，代位诉讼权1%

图 2-12　股权结构九条生命线

② 根据《中华人民共和国公司法》第一百零三条第二款：股东大会作出修改公司章程、增加或者减少注册资本的决议，以及公司合并、分立、解散或者变更公司形式的决议，必须经出席会议的股东所持表决权的 2/3 以上通过。

（3）注意点。

① 绝对控制线同时适用于有限责任公司的股东会，以及股份有限公司的股东大会。二者相比较而言，股东大会要求的是出席会议的 2/3 以上表决权通过，并不要求股份有限公司的股东一定要占比 2/3 以上。

② 绝对控制线 67% 这个说法并不严谨。根据法律依据中所提及的"2/3 以上"，其实也可以是 66.7%、66.67% 等。

第二条，相对控制线51%。

（1）解释：指的是可以做出简单事项决策的股权比例。所谓"简单事项决策"，通常包括聘用独立董事、选举董事长，以及聘请审议机构、会计师事务所等事项。

（2）法律依据。

根据《中华人民共和国公司法》第一百零三条：股东出席股东大会，所持每一股份有一表决权。但是，公司持有的本公司股份没有表决权。

股东大会作出决议，必须经出席会议的股东所持表决权过半数通过。但是，股东大会作出修改公司章程、增加或者减少注册资本的决议，以及公司合并、分立、解散或者变更公司形式的决议，必须经出席会议的股东所持表决权的2/3以上通过。

（3）注意点。

公司法中只是对股份有限公司规定，需要有过半数的表决权。因而对于有限责任公司而言，公司法其实并没有明确规定股东会普通决议的程序，而是让股东们自行通过章程确定。

有限责任公司在自由约定时需要明确"过半数"不包含50%，"半数以上""1/2以上"这两个数字包括50%。

有限责任公司在自由约定时，还要明确说明是"股东人数过半数"还是"股东所持表决权过半数"。

第三条，安全控制线34%。

（1）解释：指的是股东持股量在1/3以上，且其他股东的股份和自己没有冲突，那么当涉及公司生死存亡时，股东的话语权具有一票否决的力量，也叫作否决性控股。

（2）法律依据。

根据《中华人民共和国公司法》第一百零三条：股东出席股东大会会议，所持每一股份有一表决权。但是，公司持有的本公司股份没有表决权。

股东大会作出决议，必须经出席会议的股东所持表决权过半数通过。但是，股东大会作出修改公司章程、增加或者减少注册资本的决议，以及公司合并、分立、解散或者变更公司形式的决议，必须经出席会议的股东所持表决权的 2/3 以上通过。

（3）注意点。

①一票否决权：只相对于事关企业生死存亡的事情，对其他仅需要半数以上就能通过的事宜，则无法否决。

②所谓 2/3，其实控股达到 33.4%、33.34% 等均可作为"安全控制线"。

第四条，上市公司要约收购线 30%。

（1）解释：当收购人通过证券交易所交易，对一个上市公司的股份收购已经达到该公司发行股份的 30% 时，如需要继续增持股份，则应当采用要约方式进行，发出全面要约或者部分要约。

（2）法律依据。

根据《中华人民共和国证券法》第八十八条第一款：通过证券交易所的证券交易，投资者持有或者通过协议、其他安排与他人共同持有一个上市公司已发行的股份达到 30% 时，继续进行收购的，应当依法向该上市公司所有股东发出收购上市公司全部或者部分股份的要约。

（3）注意点。

① 30% 的要约收购线适合用于特定条件下的上市公司股权收购，不适用于有限责任公司和未上市的股份有限公司。

② 协议收购和要约收购是收购上市公司的两种方式，与协议收购相比，要约收购要经过较多的环节，操作程序比较繁杂，收购方的收购成本较高。

③ 当收购人持有的被收购上市公司股份达到该公司已经发行股份总数的 75% 以上时，该上市公司的股票在证券交易所终止上市。

第五条，重大同业竞争警示线 20%。

虽然本条线没有法律依据，但这是在长期实务中总结出来的一条生命线，指的是上市公司所从事的业务，和其控股股东所控制的其他企业所从事的业务相近或者相似，双方可能构成直接或者间接的竞争关系。

在我国，认为一个股份公司通过 20% 以上股权关系或重大债权关系，能对企业进行控制或者施加重大影响，因而出现了 20% 是重大同业竞争警示线的说法。

第六条，临时会议权 10%。

（1）解释：股东占有 10% 的股权，可以提出质询、调查、起诉、清算和解散公司。

（2）法律依据。

①《中华人民共和国公司法》第三十九条第二款后半段：代表 1/10 以上表决权股东，1/3 以上的董事，监事会或者不设监事会的

公司的监事提议召开临时会议的，应当召开临时会议。

②《中华人民共和国公司法》第四十条第三款：董事会或者执行董事不能履行或者不履行召集股东会会议职责的，由监事会或者不设监事会的公司的监事召集和主持；监事会或者监事不召集和主持的，代表 1/10 以上表决权的股东可以自行召集和主持。

③《中华人民共和国公司法》第一百条第三款：股东大会应当每年召开一次年会。有下列情形之一的，应当在两个月内召开临时股东大会：（三）单独或者合计持有公司 10% 以上股份的股东请求时。

④《中华人民共和国公司法》第一百一十条第二款前半段：代表 1/10 以上表决权的股东、1/3 以上董事或者监事会，可以提议召开董事会临时会议。

⑤ 根据《最高人民法院关于适用＜中华人民共和国公司法＞若干问题的规定（二）》第一条第一款：单独或者合计持有公司全部股东表决权 10% 以上的股东，以下列事由之一提起解散公司诉讼，并符合公司法第一百八十二条规定的，人民法院应予受理。

（3）注意点。

① 根据《中华人民共和国公司法》第三十九、四十条规定，有限责任公司里代表 1/10 以上的股东可以提议召开股东会临时会议，并且在董事和监事均不履行召集股东会职责之时可以自行召集和主持。但是，如果该有限责任公司没有按照约定出资比例行使表决权，那么 10% 的临时会议权是没有意义的。

② 根据《中华人民共和国公司法》第一百、一百一十条规定，对于股份公司来说，持有 10% 以上股份的股东可以请求召开临时股

东大会，提议召开董事会临时会议，因而这个 10% 的临时会议权带有强制性。

第七条，重大股权变动警示线 5%。

（1）解释：持有股份在 5% 及以上的股东，发生变动时，需要披露权益变动书。

（2）法律依据。

①《中华人民共和国证券法》第六十七条第一款、第二款第八项：发生可能对上市公司股票交易价格产生较大影响的重大事件，投资者尚未得知时，上市公司应当立即将有关该重大事件的情况向国务院证券监督管理机构和证券交易所报送临时报告，并予公告，说明事件的起因、目前的状态和可能产生的法律后果。下列情况为前款所称重大事件：（八）持有公司 5% 以上股份的股东或者实际控制人，其持有股份或者控制公司的情况发生较大变化。

②《中华人民共和国证券法》第七十四条第二项：证券交易内幕信息的知情人包括：（二）持有公司 5% 以上股份的股东及其董事、监事、高级管理人员，公司的实际控制人及其董事、监事、高级管理人员。《中华人民共和国证券法》第八十六条：通过证券交易所的证券交易，投资者持有或者通过协议、其他安排与他人共同持有一个上市公司已发行的股份达到 5% 时，应当在该事实发生之日起三日内，向国务院证券监督管理机构、证券交易所作出书面报告，通知该上市公司，并予公告；在上述期限内，不得再行买卖该上市公司的股票。

投资者持有或者通过协议、其他安排与他人共同持有一个上市公司已发行的股份达到 5% 后，其所持该上市公司已发行的股份比例每增加或者减少 5%，应当依照前款规定进行报告和公告。在报告期限内和作出报告、公告后二日内，不得再行买卖该上市公司的股票。

（3）注意点。

该条线适用于上市公司。事实上，持股低于 5% 至少有两个好处：一是没有锁定期的约束；二是不需抛头露面，减持也不用披露。

第八条，临时提案权 3%。

（1）解释：单独或者总计持有公司 3% 以上股份的股东，可以在股东大会召开 10 日前提出临时提案并书面提交召集人。

（2）法律依据。

《中华人民共和国公司法》第一百零二条第二款：单独或者合计持有公司 3% 以上股份的股东，可以在股东大会召开十日前提出临时提案并书面提交董事会；董事会应当在收到提案后二日内通知其他股东，并将该临时提案提交股东大会审议。临时提案的内容应当属于股东大会职权范围，并有明确议题和具体决议事项。

（3）注意点。

3% 的临时提案权适合于股份有限公司，对于有限责任公司来说，没有此类复杂的程序性规定。

第九条，代位诉讼权 1%。

（1）解释：有间接调查和起诉权的股权份额。

（2）法律依据。

《中华人民共和国公司法》第一百五十一条：董事、高级管理人员有本法第一百四十九条规定的情形的，有限责任公司的股东、股份有限公司连续一百八十日以上单独或者合计持有公司1%以上股份的股东，可以书面请求监事会或者不设监事会的有限责任公司的监事向人民法院提起诉讼；监事有本法第一百四十九条规定的情形的，前述股东可以书面请求董事会或者不设董事会的有限责任公司的执行董事向人民法院提起诉讼。

监事会、不设监事会的有限责任公司的监事，或者董事会、执行董事收到前款规定的股东书面请求后拒绝提起诉讼，或者自收到请求之日起三十日内未提起诉讼，或者情况紧急、不立即提起诉讼将会使公司利益受到难以弥补的损害的，前款规定的股东有权为了公司的利益以自己的名义直接向人民法院提起诉讼。

（3）注意点。

①1%比例股权的代位诉讼权，适合于股份有限公司的股东，并且还需要持股达到一百八十日。

②在使用代位诉讼权时，大多数情况下是董事、高管危害了公司的利益，因而股东以自己的名义"代公司的位"直接向法院提起诉讼。

2.5.3　需要规避的股权结构死局

不管公司发展到什么程度，对于股权结构的调整和规划都是必不可免的。只有对股权设计和股权架构搭建有深入认知，才能有效避免股权死局。

我们最为常见的，是如图 2-13 所示的五大股权死局。

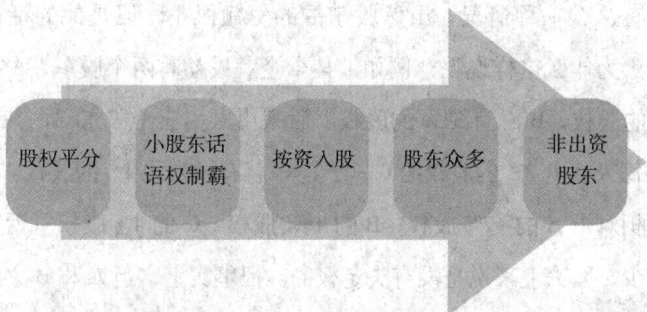

| 股权平分 | 小股东话语权制霸 | 按资入股 | 股东众多 | 非出资股东 |

图 2-13　需要规避的股权结构死局

第一，股权平分。

指的是每个股东占有的公司股权是等额的。例如，公司有两个股东，各占 50% 的股权。这种平均分配的股权结构，是最差的股权结构，对企业有着严重危害。因为每个股东都有同样的股权，当公司出现问题时，没有关键性控股人可以做出让其他人信服的决策。

例如，雷军在创办小米企业前，曾经和三个同学一起创办过另一家企业。但在当时，对股权结构设计没有给予充分重视，而是采用了平分的方式，因而在企业发展中，所有人的话语权都一样，企业缺少关键性决策人物，最终导致企业倒闭。

事实上，在创业之初，合伙人一定要考虑清楚股权模式。如果企业的股权布局是平分状态，那么即使企业有最好的商业模式，最好的团队成员，也很难吸引到投资者。因为很多投资者会认为，这是一家没有未来、没有希望的企业。

第二，小股东话语权制霸。

有这么一种情况，虽然股东占的份额很小，但是他的话语权最高。为什么这样说呢？例如，某个企业最初有两个股东，A 占有 49% 的股权，B 占有 51% 的股权。后来引入第三个股东 C，其中 A 和 B 每人让出 2% 的股权给 C，于是 C 就有了公司 4% 的股权。

相对于 A 的 47% 股权，B 的 49% 股权，C 的 4% 股权可谓是非常之少，理论上来说是没有决定权的。但事实上，当 A 和 B 之间产生了矛盾，如果 A 和 C 联合起来，那么就有了 51% 的股权，整个公司的辖制权就产生了根本性逆转。因而在这种情况下，C 选择和谁站在一起，就显得至关重要。

因而在股权设置中，千万要规避这类的股权结构，不然会令企业陷入小股权话语权制霸的局面。

第三，按资入股。

指的是按照出资比例来确定股权份额。例如，某个项目有三个合伙人，一共要投资 100 万。其中 A 出资 50 万，占了 50% 的股份，B 和 C 各自出资 30 万、20 万，因而占有 30%、20% 的股份。但是在经营中，A 不但投入 50 万资本，还负责项目的整个运营，而 B 和 C 并不参与具体业务，尤其是 C，基本不出现，除非是在分红的时候，才会到场。

这样的股权结构带来的危害很明显。对于 A 来说，长此以往，难免心理会失衡。毕竟他出的资金最多，付出的精力也最多。

为了避免这种局面产生，股权结构在设计之初，不但要考虑到投资金额，还要按照人力贡献分配股权，综合各方面因素确定合伙人的股权比例。

第四，股东众多。

指的是某个项目为了筹集资金，拥有几十甚至上百个股东。股东多，或许在最初能很快筹集到资金，但是随着项目的推进，由于股东众多，缺乏有力的控股者对项目做出关键性决策，或者多数股东只出钱不出力，这种职责不清的股权结构，最终会导致项目瘫痪。

第五，　非出资股东。

指的是企业中的某些股东，虽然占有企业份额，但其实他们并没有出资购买，而是因为某些缘故占有企业股份。例如，能够给予企业在发展中某些便利，或者是出于某些个人原因。

这类股权结构，会影响企业未来发展。

对于企业合伙人来说，只有自己投入了资金、时间、精力、资源等，才会更为关心、关注企业的发展。例如华为，对于购买公司股权的员工来说，从打工者一跃而成为公司所有者，相同的利益必然促使他们更加努力积极地为公司创造财富。因而对于股权所有者来说，只有付出了，才会认识到股权的重要性，才会珍惜他们的股权。

2.6　股权架构设计时针对四类人的侧重点

创业公司最核心的四类人，分别是创始人、合伙人、核心员工和投资人。他们是公司早期风险承担者和价值贡献输出者。在创业初期公司，需要科学地满足这四类人的诉求，也就等于从侧面帮助创始人掌握控股权。

2.6.1　宏观侧面

第一，从创始人角度来看。

其本质诉求是控制权，因而在早期，做股权架构设计的时候需要考虑到创始人的控制权，并且要有一个相对较大的股权，一般建议是合伙人平均持股比例的 2-4 倍。

第二，从合伙人角度来看。

作为创始人的伙伴，彼此的合伙理念、价值观必须是一致的。作为公司所有者之一，创始人必须要拿出一部分的股权来平分。这部分股权基本上占到 8%-15%。

第三，从核心员工角度来看。

这一部分人对公司的高速发展至关重要，因而在早期股权架构设计时，就要把这部分股权预留下来。通常建议初次分配完之后同比例稀释预留 10%-25%。

第四，从投资人角度来看。

对于这部分人群来说，追求的是高净值回报，因而他们的优先清算权和优先认购权是非常合理的诉求，创始团队在一定程度上是要理解并且认可的。

2.6.2　微观层面

第一，创始人的控制权需要注意以下几个方面。

（1）股东会。需要牢牢掌握股权结构九条生命线（前文 2.5.2 所述）。

（2）董事会。董事会的决策机制区别于股东会，按照一人一票制来计算。

人数	机制	备注
1/3 以上	可以提议召开董事会临时会议。董事长应当自接到提议后十日内，召集和主持董事会会议。	特殊约定除外，例如：一票否决权。具体是要依据董事会议事规则执行。
半数以上	董事长和副董事长由董事会以全体董事的过半数选举产生。	
2/3 以上	依据董事会议事规则执行。	

（3）股权分配。主要是从分配和兑现角度来看，以互联网轻资产业为例。

创始人股	为保障创始人控制权，建议是 20%-30%（具体根据发起人人数确定）。
发起人股	建议是 8%-15% 之间（具体根据发起人人数确定）。
资金股	依据实际出资来确定，建议是 10%-25%（具体根据实际出资总额和工作，以及年薪与现行工资差额来确定）。
贡献股	围绕着基于人力资本价值输出的高度认可，建议是 30%-62%，大致分为基础贡献股（公司背景和工作年限）和岗位价值贡献股（基于行业属性判断的岗位价值权重）。

第二，创始人话语权。

持股比例：联合创始人早期最好控制在 2-5 人，持股比例最好是 10%-25%，上下浮动 2%。另外，创始人持股比例应该是合伙人人均持股比例的 2-4 倍。

持股模式有三种：直接持有、创始人代持、持股平台。

直接持有	进行工商登记的部分是各自持有的全部股权。
创始人代持	该部分股权不显名，未成熟部分股权。
持股平台	设立一个有限合伙，创始人作为有限合伙的 GP（普通合伙人），被激励对象作为 LP（有限合伙人），基于有限合伙的特殊性，GP（普通合伙人）是法定的绝对控制人。

第三，核心员工期权池。

（1）期权池比例的确定。

根据投资人要求的比例、创始团队的情况、项目商业模式设计。

（2）期权池的来源。

通常情况下，创始团队是在确定了股权比例后共同稀释一个期权池。在实际操作中，有些创始团队会在早期将期权池预留到30%以上，一方面可以避免再次增发带来的麻烦，另一方面，也有利于创始人集中投票权的操作。

但是，期权激励计划的实施可能会造成不恰当的操作，也就是说很可能发多了，反过来损失的是创始团队成员的利益。

（3）持有模式。

天使轮以前的核心员工激励，可以采用代持。天使轮后，A 轮前实施第一次激励计划，大约会使用整个期权池的1/3。因为越是早期，对于核心员工来讲风险越大，所以这一次对于整个期权池的消耗比较大。

（4）退出机制。

由于期权行权之后就会成为股权，因而退出机制主要分行权期前退出和行权期后退出，行权后退出又分为过错退出和无过错退出。

过错退出	采用法律允许的最低价格（零对价/1元人民币）回购其所有股权（不论成熟与否）。
无过错（成熟股权）	其一，按照净资产的 1.5-2.5 倍结算。 其二，按照对应估值的 10%-20%。

第四，投资人层面。

（1）持股比例。

种子阶段：5%-10%，对应估值 300 万 -600 万。

天使轮阶段：10%-20%，对应估值 1000 万 -5000 万。

以上估值区间不是完全正确，具体根据投资人给出的估值为准。

再到后面的 A、B、C、D……后期的融资过程中，投资人会要求更多的股权，因而对于创始人来说，如果项目一直呈现上升趋势，在股份稀释时，需要严谨对待。

（2）投票权。

投资人基于对资本的安全考虑，以及对创始团队的不信任，通常会要求董事会的一票否决权和股东会中的一些保护性条款。

（3）优先权。

包括优先分红权、反稀释权、领售权、随售权、优先清算权、优先认购权及其他特殊权利，其目的是为了保护投资人的资金安全。

2.7　案例：优秀的股权结构下，
创始人控制企业其实很简单

基于人们通常都有的一个认识，即"同股同权"。也就是说，假设 A 有 10% 的股权，那 A 就有 10% 的投票权，不会是 9%，也不会是 11%。那么，当某个股东的持股比例降到了 50% 以下，通常就被认为丧失了对公司的控制权。但事实并非如此。我们可以参看下面的几个案例，都是创始人以非常小的股权，牢牢把控了企业的控制权。

这其实得益于优秀的股权结构。

2.7.1　任正非用 1.4% 的股权控制华为

华为的股权结构一直都为人所称道。任正非用 1.4% 的股权控制了华为，他是怎么做到这一点的呢？我查阅了华为的股份资料，总结下来，任正非之所以能做到这一点，主要是基于如图 2-14（见下页）这几方面要点。

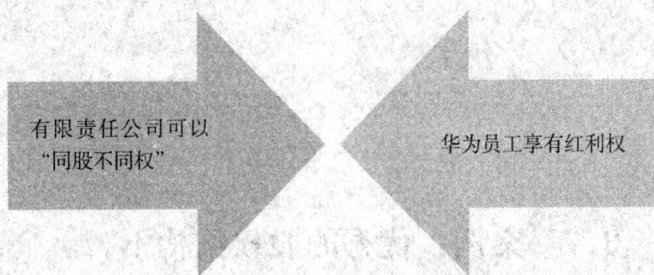

图 2-14　任正非用 1.4% 股权控制华为

第一，有限责任公司可以"同股不同权"。

公司分为有限责任公司和股份有限公司两种。通常有限责任公司在准备上市前，都要改制为股份有限公司，但是华为从一开始就没准备上市，它是通过自身业务利润积累，以及内部募资发展壮大的。因而直到今天，华为都是有限责任公司。

另外，华为的股权架构是：

（1）华为技术有限公司的唯一股东是华为投资控股有限公司。

（2）华为投资控股有限公司（下称华为控股）有两个股东：一个是任正非，占比 1.01%；另一个是华为投资控股有限公司工会委员会，占比 98.99%。

（3）任正非占华为的 1.4%，差额部分据推测，可能是通过工会持股。

而且，任正非对于公司重大决策仍保有一票否决权，其实现是通过《中华人民共和国公司法》中有限责任公司可以"同股不同权"，以及再根据《中华人民共和国公司法》第四十二条："股东会会议由股东按照出资比例行使表决权；但是，公司章程另有规定的除外。"

（1）按《中华人民共和国公司法》的规定，华为控股可以在公司章程中规定任正非有特别权利（公司章程由股东会制定和修改）。

（2）华为技术有限公司的股东只有华为投资控股有限公司，华为控股可以决定由任正非1人代为行使在华为技术有限公司的股东权利。

（3）华为工会还可通过工会章程规定，由任正非代为行使工会在华为控股的股东权利。

（4）华为工会也可通过签协议或委托书，委托任正非代为行使工会在华为控股的股东权利。

在华为现有股权架构下，理论上可以实现任正非合法控制公司。

第二，华为员工享有红利权。

从披露的华为股权信息来看，华为员工并不享有完整的股东权利，只有获取红利的权利，并且，获取分红的资格与员工身份绑定，员工离职后，股权也有相应的退出机制。

2.7.2　马云用7.8%的股权控制阿里巴巴

对于只持有少数股权的马云及其团队来说，虽然有多数投票权，但并不足以构成对阿里巴巴的有效控制。因而，在2010年，马云及其团队就开始了"阿里巴巴合伙人制度"的公司治理。

所谓阿里巴巴合伙人制度，根据阿里的公开资料，主要规定如下：

第一，合伙人资格要求。

（1）必须在阿里服务满 5 年。

（2）必须持有公司股份，且有限售要求。

（3）由在任合伙人向合伙人委员会提名推荐，并由合伙人委员会审核同意其参加选举。

（4）在一人一票的基础上，超过 75% 的合伙人投票同意其加入，合伙人的选举和罢免无需经过股东大会审议或通过。此外，成为合伙人还要符合两个弹性标准：对公司发展有积极贡献；高度认同公司文化，愿意为公司的使命、愿景和价值观竭尽全力。

第二，合伙人的提名权和任命权。

（1）合伙人拥有提名董事的权利。

（2）合伙人提名的董事占董事会人数一半以上。因任何原因，合伙人提名或任命的董事不足半数时，合伙人有权任命额外的董事以确保其半数以上的董事会控制权。

（3）如果股东不同意选举合伙人提名的董事，合伙人可以任命新的临时董事，直至下一年度股东大会。

（4）如果董事因任何原因离职，合伙人有权任命临时董事以填补空缺，直至下一年度股东大会。

第三，合伙人委员会共 5 名，负责以下内容。

（1）推荐并提名董事人选。

（2）将薪酬委员会分配给合伙人的年度现金红利，分配给没有执行职务的合伙人。委员会委员实施差额选举，任期 3 年，可连选连任。

从合伙人制度上，我们可以发现，阿里的董事会其实是由阿里合伙人控制的。通过阿里合伙人的提名权和任命权这一机制的设定，阿里合伙人拥有了超越其他股东的董事提名权和任免权，控制了董事人选，进而决定了公司的经营运作。

而为了确保阿里合伙人制度的长期性和稳定性，阿里还制定了以下的规则和安排：

（1）用规则提高阿里合伙人制度变更的难度。如果阿里合伙人制度变更，需要董事批注和股东表决两重批准。

① 董事会批注。

关于阿里合伙人关系的宗旨及阿里合伙人董事提名权的修订，必须经过多数董事的批注，对于合伙协议中，有关提名董事程序的修改，则须取得独立董事的一致同意。

② 股东表决。

根据上市后修订的公司章程，修改阿里合伙人的提名权和公司章程中的相关条款，必须获得出席股东大会的股东所持表决票数的95%。

（2）与大股东协议巩固合伙人控制权。

阿里合伙人和软银、雅虎达成了一整套的表决权拘束协议。根据阿里的招股书，上市公司董事会共 9 名成员，阿里合伙人有权提名 5 人。另外，如果软银持有阿里 15% 及以上的股份，软银有权提名 1 名董事，其余 3 名董事由董事会提名委员会提名，前述提名董事将在股东大会上，由阿里合伙人选举产生。

与大股东协议巩固合伙人的控制权制度，令阿里合伙人、软银和雅虎在股东大会上以投票方式互相支持，确保阿里合伙人不仅能够控制董事会，而且能够基本控制股东大会的投票结果。

与大股东的协议约定：

（1）软银承诺在股东大会上投票支持阿里合伙人提名的股东当选，未经马云及蔡崇信同意，软银不会投票反对阿里合伙人的董事提名。

（2）软银将其持有的不低于阿里 30% 的普通股投票权置于投票信托管理之下，并受马云和蔡崇信支配。鉴于软银有 1 名董事的提名权，马云和蔡崇信将在股东大会上用其所拥有和支配的投票权支持软银提名的董事当选。

（3）雅虎将动用其投票权支持阿里合伙人和软银提名的董事当选。

事实上，根据以上两个安排，马云可以达到用少数股权控制公司的目的。

第三章　股权激励：

好机制，充分发挥员工主人翁精神

股权激励是现代企业为了吸引和留住人才而经常使用的一种激励工具。合理使用股权激励，不但能吸引外部优秀人才加入企业，还能留住内部现有员工，让员工和公司达成一致目标，从而促使员工为公司创造更高价值。

3.1 股权激励的意义

股权激励是一种非常有效的员工管理机制。对于企业来说，其核心价值就是创造利润、分配利润。而股权激励能最大限度调动员工工作积极性，让员工意识到，自己的利益是和公司的发展目标一致的。

好的股权激励方案，其意义是非常深远的，如图 3-1 所示的这几点，只是其中的关键部分。

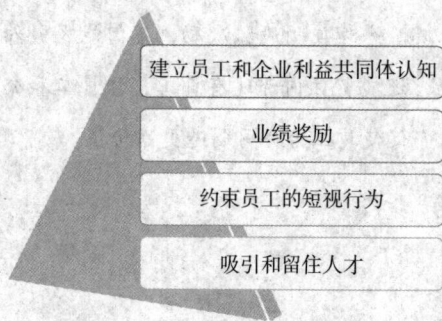

建立员工和企业利益共同体认知

业绩奖励

约束员工的短视行为

吸引和留住人才

图 3-1　股权激励的意义

第一，建立员工和企业利益共同体认知。

股权激励能让员工产生与企业休戚与共的认同感。由于股权激励中的分红制度，企业发展越好，拥有股权的员工，就能分到更多的红利。对于员工来说，和企业不再是单纯的雇佣关系，公司发展得好，才是真正关乎他们切身利益的大事。

第二，业绩激励。

对于员工来说，要获得股权，就要付出足够的努力；而获得了股权，更要对企业尽忠尽责，提高工作效率和个人能力。从这两方面来说，就形成了良性循环，始终以提高公司业绩为目标。

第三，约束员工的短视行为。

对于员工来说，其薪资结构中的薪水，是短期回报，而股权中的分红却是长期回报。因而对于想要获得股权激励的员工，必须要舍弃一些当前的短期回报，才能换来企业的长期回报。

而对于企业来说，使用股权激励，能在短时间内节省现金流开支，将更多的资金用于企业经营，从而降低风险，获得更多发展机会。

因而可以说，股权激励也是一种双赢的机制。

第四，吸引和留住人才。

企业实施股权激励计划，有利于企业稳定，吸引更多人才进入。股权激励下，员工和企业建立了利益共同体，有了一致的利益，自然就有了归属感。而当员工考虑离开企业，或者有不利于企业的行为发生时，会思考这一行为引发的后果，因为这意味着自己失去了股权。因而，股权激励有助于留住人才。

3.2 股权激励的误区

股权激励是一把双刃剑，使用得好，能激发员工的工作热忱，为企业创造更高价值；使用得不好，也是容易出现问题的。

例如，为了稳定员工，老板实施了股权激励，赠予核心员工 A 干股。而 A 以家中有急事为理由，要求出让自己的股份并离职。得知此消息后，没被吸收入股的部分员工，则因"待遇不公"而离职。没有离职的员工也通过消极怠工的方式，表达内心的不满。

这就是典型的因为股权激励陷入误区，导致公司产生矛盾。那么，在实施股权激励的过程中，有哪些误区需要避开呢？如图 3-2 所示。

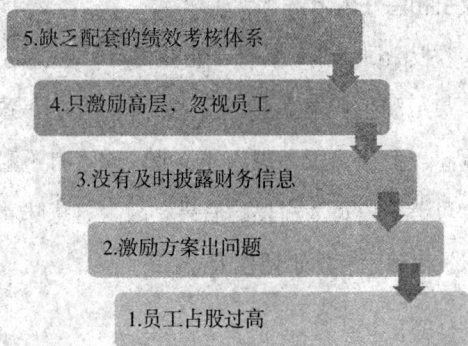

图 3-2 股权激励的误区

5.缺乏配套的绩效考核体系

4.只激励高层，忽视员工

3.没有及时披露财务信息

2.激励方案出问题

1.员工占股过高

第一，员工占股过高。

在实际操作中我们发现，当公司核心人员持股量较低时，股权激励机制提高了公司的价值；但当核心人员持股量较高时，反倒有可能导致随意谋取私利而损害公司价值的事件发生。

虽然大家通常会认为，员工获取的股份占比越高，对公司经营就会越用心。但现实是，有些员工拿到的股份过高时，第一时间想到的并不是如何改善公司经营，而是如何保证自己的股权收益尽快兑现。

第二，激励方案出问题。

股权激励的初衷是为了提高公司员工的工作积极性，但为了让员工珍惜手中的股权，如期权、期股、业绩股票、限制性股票、虚拟股、干股等，员工需要出资的往往激励效果更好。

第三，没有及时披露财务信息。

在进行股权激励时，需要及时披露财务信息，令员工知道公司估值的价值。一方面会增强他们认购股份的信心；另一方面，当股权激励实施后，员工对公司销售额、利润等数据可以做到心中有数，对分红、股份计算的真实性完全信任，真正发挥股权激励的效果。

第四，只激励高管层，忽视员工。

在设计股权激励制度时，不能只考虑到高管，而是要让每一个员工都能看到成为股东的希望。让基层员工知道，如果自己贡献突出、表现优异，成为股东是顺其自然的事情。而对于高管来说，如果没有充分发挥自己的能力，一样可能拿不到公司的股权奖励。

第五，缺乏配套的绩效考核体系。

进行股权激励时，一定要以科学的绩效考核体系为基础。例如，对于管理层来说，营业额增长率、净利润增长率需要纳入考核指标。

事实上，不同的岗位有不同的考核标准，只有满足了相应的标准，才能将其纳入股权激励的范畴。

3.3　方案设计前需要明确的问题

在设计股权激励方案之初，企业需要进行全面思考，千万不能只是针对企业面临的问题而做方案。虽然这种方式，短期效率最优，长期成本和风险却双高，毕竟企业的长治久安才是根本。

股权激励涉及公司现金和控制权两大核心利益，因而在做股权激励时，需要先思而后行，搞清楚"企业需求—客户需求—资源现状—未来发展—达成共识"的逻辑顺序，如图 3-3 所示，标出了在股权激励时需要思考的问题。

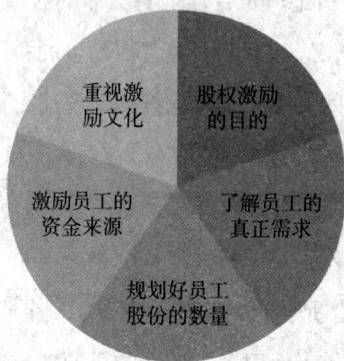

图 3-3　股权激励方案设计前需要思考的问题

第一，股权激励的目的。

不同背景的企业，股权激励的目标可能会有所不同，但都是为了首先吸引、留住和激活人才；其次是提升员工的主观能动性，并在最终，提升企业的业绩。因而在制作股权激励方案时，需要将目标定长远。

第二，了解员工的真正需求。

当企业想要争取客户，最先需要了解的是客户需求。为了激励员工更好地服务企业，也同样要明确员工的需求。事实上，员工对于企业的要求，并不是要股权，而是要良好的未来收益。股权对大多数激励对象来说，只是一种保障。当然，还有部分高层管理者的最终需求是经营权和外界对自身的认同感。从这两点来说，不同的人群对于股权激励有不同的原则性需求，因而在股权设计时也要充分考虑到这一点。

针对不同激励对象的需求，我们需要区分的是激励对象。对于长期收益有需求的员工，是合理地将实股的各项权利分离比较好，还是将虚股做实比较好？针对有经营权需求的激励对象时，如何拿捏好股权与控制权的关系？类似这样的问题还有很多，企业在进行分配时要特别注意。

第三，规划好员工股份的数量。

以创业公司为例，对于科技型初创企业来说，最初想要的人员肯定是技术人员。但是当产品有了一定市场，企业会偏重销售人员，而当后期规模逐步扩大，财务等职能的重要性突出出来，这时企业的核心人员属性又会发生变化。

因而当企业在实施股权激励时，不能只关注当下，而是要根据企业的发展阶段，以及每个阶段的不同人员的需求来划分，实施股权激励。

所以每个阶段的股权规划一定要为接下来的发展阶段留出相应的合理空间，要从股权标的的储备量上看看企业有多少资源，能拿出多少满足员工的需求。

第四，激励员工的资金来源。

股权激励收益有很多种，但都属于企业发展带来的钱（内在发展带来的收益）和未来资本市场认可的钱（外界的认可带来的收益）这两类。我们都知道，外界认可带来的收益，一直是激励对象比较关注的要点，特别对于拟上市公司的激励对象来说，这代表了巨额收益。因而，企业在激励员工时，需要想清楚如何规划好企业未来的收益。

第五，重视激励文化。

企业设计股权激励方案不但需要关注机制的设立，还需要重视一些软性因素，例如，员工对企业的良好预期、对未来收益的感知度、对于股权激励目标的明确度等等。

之所以要重视这些，是因为这些因素其实是实施股权激励的基础，直接决定激励的成与败。

只有员工建立起对企业的良好预期，对未来充满希望，面向未来的股权激励才有存在的意义。因而方案设计中要充分利用员工的良好预期，明确告知激励对象努力的方向和路径，通过收益测算，让其感知到达成目标后的收益。

3.4 股权激励方案设计的四大模块

股权激励方案是企业股权激励制度建立的设计图，对企业能否建立高效的人才激励机制起着至关重要的作用。那么，能否设计出一套适合企业自身发展的股权激励方案，取决于企业在设计方案过程中，对激励客体、持股、行权、调整机制的把握。

3.4.1 激励客体

公司需要确定用于激励的股权情况，如图3-4所示：

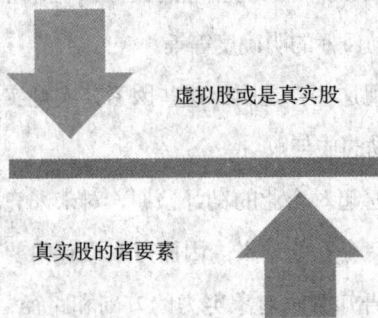

图3-4 激励客体的情况

第一，虚拟股或是真实股。

所谓虚拟股，指的是并非公司法或者合伙企业法所称的股份，因而持有虚拟股的激励对象能享受相应的分红，但其实是真实的，可以在工商登记处登记的股份。虽然这种股份的发放可以省却很多麻烦的手续，但是对员工绑定作用不大，激励作用也不高。因此，虚拟股不适用激励核心成员，可以用于激励一般的对象。

第二，真实股的诸要素。

公司在给激励对象真实股权时，需要考虑以下问题：

（1）激励计划时间：股权激励耗费人力物力，因而需要确定一个激励时间，以及计划实施的节点。

（2）激励股权来源：通常激励的股权或者是来源于通过定向增资的方式扩大股本，或者是现有股东转让一部分自己的股权，或者是公司回购现有股东的股权并用于激励。

（3）激励股权总量及占比：公司需要考虑出多少股权用以激励，过多的话可能会稀释现有股东的股权，过少又难以起到激励的作用。

（4）激励对象：不同的对象所采用的激励方式不同。对于核心员工激励的方法与普通员工激励的方式差异很大。因此要明确各激励对象的激励目的和追求的效果，并且设计匹配的激励方案，同时要尽量保证公平、公正。

（5）股票价格：用于激励的股权并不能随意定价。事实上，定价过低的股权并不能达到激励的作用。另外，股权价格明显偏低，还会把相应的差价记入公司当期的损益表中。

（6）资金来源：激励对象取得股份必须支付相应的对价，或者是出钱认购，或者是从薪酬中逐渐付出。

3.4.2 持股

持股模式分为直接持股和间接持股两种模式。不同模式所对应的股权激励操作方案，以及适用的规定，在效果上都是相差很大的。

其中，间接持股指的是员工通过持有公司其他股东股份，或者与其他股东签订"代持协议"成为股东。直接持股就是直接持有公司股份。

期权的持股模式，指的是双方在期权条约中约定一个特定的购股价格，一旦触发条件，无论公司股价几何，激励对象都可以用特定购股价格取得公司股权。期权的购股条件，一般会从下面几个方面进行限制：

（1）被激励对象的业绩达到某个程度。

（2）公司状况相对良好，且购股不会对公司造成重大不良影响。

（3）期权份额通常是采用逐步解锁的方式。比如总期权10000股，激励对象要分3次购股。

事实上，公司在设计激励方案时，可以既让激励对象通过持股平台间接持股，又可以设计期权条款，增加员工取得股权的难度。但是这种方法可能会让激励对象失去兴趣，从而丧失激励作用。

3.4.3 行权

行权，通常是指员工取得股权后行使的权利。以发放股权的形式对员工进行激励，需要防止股权中所包括的那些中性权利，在特定情况下反而会起反向作用。因而要设计相应的规则，限制或者禁止激励股的权利，防止反向作用的发生。

第一，股权的权利分析。

股权的 10 大权利包括：财产收益权、参与重大决策权、选择管理权、知情权、优先购买权、异议权、权利损害救济权、监督与执行权、违法行为阻止权、请求解散权，如图 3-5 所示。

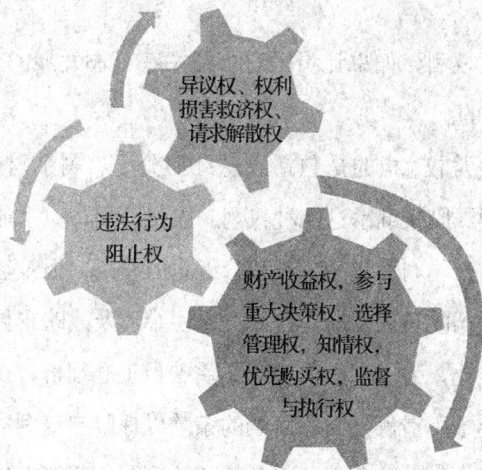

图 3-5　股权的权利分析

这 10 大权利里，其中异议权、权利损害救济权，以及请求解散权，容易对创始人的控股地位造成影响，违法行为阻止权则是有利于公司的权利。而其他 6 种权利，是属于中性的。

其中，影响到创始股东对企业控制权的股权权利有：

（1）请求解散权。10% 以上拥有表决权的股东联合起来，就能申请公司或者项目的司法解散。因而这个权利如果不处理好，可能让公司遭到不可估量的损失。

（2）权利损害救济权。按照《中华人民共和国公司法》的规定，只要连续持有一百八十日且持股比例合计 1% 以上的股东就可以发起代表诉讼，或者股东诉讼。因而这类权利容易引发诉讼。一旦公司涉诉，那么投资者很可能会抛售股票以至于股价狂跌。

（3）异议权。指的是股东不同意公司的一些方案，从而要求公司强行回购股权。

其余的中性权利，如果让员工有可能站在公司发展的对立面，是需要引起重视的。

（1）财产收益权：指的是包括股息红利分配、剩余财产分配、股权转让和质押、股权继承这几种权利。股息分配，似乎能起到激励的作用，毕竟公司利润越高，股东分红也就越高。但是，过度分红可能会损害公司的长期发展，让公司的现金流及战略布局陷入困局。至于股权转让，为了防止公司股票跌破员工心理价，员工有可能故意让公司业绩下滑触发强行回购的条款以保障自身利益，因而公司给员工股票会加一些条件，比如业绩达到某层面可以出售，业绩下滑到某层面，由公司强行回购。

（2）参与重大决策权、选择管理权、监督与执行权。这些权利，从理论上来说都是治权。持股员工可以参与公司章程修订与制定、投票表决，甚至合计或者单独持有 3% 以上股东有提案权，10% 以上股东有发起临时股东会权力。但是，要引导好持股员工手中的权力使用，不是一个简单的事情。

因而，员工有了股权，并不一定就能起到激励的作用。如果没有控制好，有时会给公司发展带来负面影响。所以股权激励方案一定要慎重设计。

第二，行权条件。

一般来说，行权条件包含一般解锁条件、治权内容、限售条件三个板块。

（1）一般解锁条件：指的是，只要满足条件，员工就可以享受股权带来的收益、分红权、知情权等。一般来说，解锁条件是从时间、环境、业绩等诸多方面进行设计的，即公司整体达到业绩目标，员工个体也达到业绩目标才能行使股权的基本内容。

（2）治权内容：指的是拥有例如表决权、提案权等触及公司实际发展运营状况的权利。为了防止出现员工掣肘公司发展的事项，需要对持股员工的治权进行规定，例如治权在什么情况下可以行使，或者是其所持股票份额对应的表决权大小等。

（3）限售条件：比起分红，卖掉股票赚取差价才是真正吸引员工的地方。为了防止员工卖了股票直接走人，很多企业会采用分批次、限售的方式，让员工一点点地转让股份。

3.4.4　调整机制

调整机制指的是在特定情况下，公司对激励计划的各板块内容进行有机调整。激励对象在激励股权期间，如果公司发生派送股票红利、缩股，或持股平台调整合伙企业出资额等事项，激励对象所持有的激励股权数量也会同比例调整。

发生股权激励计划暂停或者停止激励计划的情况包括但不限于以下几种：

（1）股权激励对象离职。

（2）辞退或合同到期不予续签。

（3）违法乱纪。

（4）丧失民事行为能力或者死亡的。

（5）违反公司其他规定。

（6）出现同业竞争的。

（7）公司出现重大不良情况。

另外，股权激励方案还要考虑激励对象对公司的贡献度和服务年限，以及一旦发生中止或者终止情况，股权激励方案里还要设计相应的赎回机制。

3.5 股权激励方案设计和制作

股权激励方案不仅要根据公司要求和尽职调查所得情况进行设计，还要兼顾公司股东的长远利益。虽然每个公司的情况不同，但无论是何种股权激励设计方案，都会涉及如图3-6所示的模块内容。

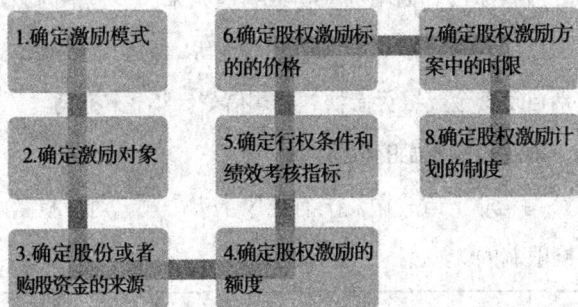

图3-6 股权激励方案的模块

第一，确定激励模式。

股权激励模式多达10余种，哪种股权激励模式最适合自己公司，是股权激励的核心问题，它直接决定了股权激励的效果。因而在实际操作中，需要根据公司的实际情况，以及未来的定向来决定公司的激励模式。

第二，确定激励对象。

股权激励的目的，最终是为了达到企业业绩目标的长足发展。与短时期内薪水激励效果相比，股权激励更侧重于企业长期战略目标的实现。因此，选择股权激励的对象，要选择对公司长期发展的战略目标最有价值的员工。另外，激励对象的选择也要坚持公平、公正的原则，不能以个人的好恶来决定。

第三，确定股份或者购股资金的来源。

股权激励的成本体现在两个方面：（1）需要给激励对象股份或者股票；（2）公司或者激励对象需要为授予的股份或者股票支付购股资金。

其中，股权激励计划中的股份或者股票来源，包括向激励对象定向增发股票、增资扩股、购买公司股票等。而购买股票资金的来源，则包括自筹资金、银行借款、公司借款、年薪转化等。

第四，确定股权激励的额度。

上市公司、非上市公司及国有控股上市公司，对股权激励的额度是有不同限制的。

1. 上市公司	全部股权激励的股票总数累计不得超过总股本的10%。
2. 国有控股上市公司	首次实施股权激励计划授予的股权数量原则上应控制在总股本的1%以内。 非经股东大会特别决议批准，激励对象授予的股权数量累计不得超过总股本的1%。 总股本指最近一次实施股权激励计划时公司已发行的总股本。

3.非上市公司	股权激励涉及的股份总量没有限制性的规定。 原有股东为了实施股权激励计划出让任意数量的股权份额。 一般激励对象累计获得的股份总量最高不应超过公司总股本的10%。

第五，确定行权条件和绩效考核指标。

股权激励方案中行权条件的设计非常重要，和股权激励的效果是直接挂钩的。通常，在行权条件确定时，需要确定等待期、每次变现的比例、行权价格、行权约定，以及绩效考核等指标。另外，对股权激励对象的考核，是要将企业的整体业绩指标及个人业绩指标结合来判断的。

第六，确定股权激励标的的价格。

当激励对象出资购买股份时，通常激励对象的购股成本应当比社会公众或者非股东第三人的购股成本低；另一方面，如果是上市公司的股权激励计划，激励对象的购股成本也不能太低，以免侵害社会公众股东的利益。

第七，确定股权激励方案中的时限。

股权激励是一个长期性的计划，因而方案中对于时间的设置也至关重要。通常来说，股权激励的时间不能太长，以避免激励对象感觉激励太遥远。通常股权激励有效期不超过7年，而行权等待期一般是要超过1年的，以确保激励对象能为公司多做贡献。

第八，确定股权激励计划的制度。

随着公司的发展，公司很可能会多次融资或者分红，因而股权激励计划中的激励对象，手中的股权激励标的数量就要做出相应的修改。另外，如果激励对象发生辞职、被公司开除或者调离岗位等特殊情形，则其股权激励的资格及获受的数量均应相应改变。为避免纠纷，这些特殊情况都需要提前考虑。

3.6　案例：华为的全员持股

作为一个世界知名的大公司，华为的成功令人瞩目。从 1990 年第一次股权激励至今，华为已经实施了 4 次大型股权激励计划，而这一措施，取得的效果令人瞩目。

3.6.1　华为的 4 次股权激励历程

华为的 4 次股权激励历程，均发生在华为公司面临重大发展问题之际。

第一，创业期股票激励。

当时华为还处于创业期，市场拓展和规模扩大需要大量资金，但由于华为的民营企业性质，融资比较困难。因此华为选择内部融资，并提出了员工持股的概念。

此时的员工激励计划，其激励对象是进入公司一年的员工，并根据员工的职位、季度绩效、任职资格等因素进行派发，以员工的年度奖金购买。如果新员工的年度奖金不够派发的股票额，公司帮助员工获得银行贷款购买股权。

　　此时，华为员工的薪酬由工资、奖金和股票分红组成，三者分量相当，而当时参股的价格为每股 10 元，以税后利润的 15% 作为股权分红。

　　通过这种方式，华为减少了现金压力，增强了员工的归属感，稳住了创业团队。

　　第二，网络经济泡沫时期的股权激励。

　　2001 年底，由于网络经济泡沫的影响，华为发展受到限制。为了渡过这段困难时期，华为开始实行名为"虚拟受限股"的期权改革。

　　员工手中的"虚拟受限股"，只有分红权和股价升值权，没有所有权，没有表决权，不能转让和出售，离职后失效。通过发行虚拟股票，华为公司管理层在特殊时期加强了对公司的掌控，确保了公司正常运营发展。

　　另外，除了推出"虚拟受限股"的期权改革措施，华为公司还实施了新的股权激励方案。

　　（1）新员工不再派发长期不变一元一股的股票。

　　（2）老员工的股票逐渐转化为期股。

　　（3）员工从期权中获得的收益，大部分来源于期股所对应的公司净资产的增值部分。

　　从固定股票分红向"虚拟受限股"的转变，表明华为的股权激励政策已经逐渐倾向于"重点激励"，下调应届毕业生底薪，拉开员工之间的收入差距即是此种转变的反映。

第三，非典时期的自愿降薪运动。

由于非典时期出口市场受到影响，同时和思科之间存在的产权官司直接影响华为的全球市场，这时，华为中层以上员工自愿提交"降薪申请"，与企业共渡难关。

而此时，华为也进行了一次大额配股。只是这次的配股，相比之前每年例行的配股方式有明显差别。

（1）配股额度很大：平均接近员工已有股票的总和。

（2）兑现方式不同：往年积累的配股即使不离开公司也可以选择每年按一定比例兑现，一般员工每年兑现的比例最大不超过个人总股本的1/4，对于持股股份较多的核心员工每年可以兑现的比例则不超过1/10。

（3）股权大量发放核心层：即骨干员工获得配股额度大大超过普通员工。

（4）锁定期：此次配股规定3年的锁定期，3年期内不能兑现，并且员工在3年内离开公司，则所配的股份无效。

第四，新一轮经济危机时期的激励措施。

2008年，为了安全度过美国次贷危机引发的全球经济危机，华为又推出新一轮的股权激励措施。

此次配股的股票价格为每股4.04元，年利率逾6%，涉及范围几乎包括了所有在华为工作时间一年以上的员工。而且，这次配股属于"饱和配股"，即不同工作级别匹配不同的持股量，比如级别为13级的员工，持股上限为2万股，14级为5万股。由于这次配股时，大部分华为老员工所持有的股份已经达到其级别持股量的上限，并没有参与这次配股。

事实上，华为的四次股权激励历程说明，股权激励可以将员工的人力资本与企业的未来发展紧密联系起来，形成一个良性的循环体系。对于员工来说，由于获得股权，参与公司分红，实现了公司发展和个人财富的同步增长。而对于公司来说，实现了与股权激励同步的内部融资，增加了公司的资本比例，缓解了公司现金流紧张的局面。

3.6.2　华为股权激励取得成功的原因

华为股权激励之所以取得如此巨大的成功，其主要原因如图3-7所示。

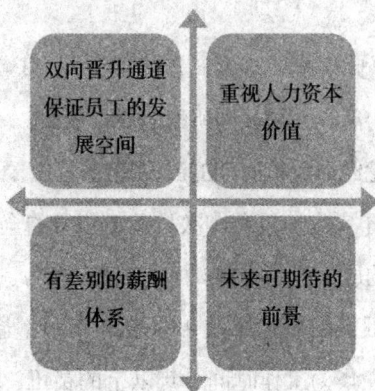

图3-7　华为股权取得成功的原因

第一，双向晋升通道保证员工的发展空间。

新入职华为的员工，往往都是从基层做起，凭自己的实力成为骨干后，可以选择是做管理人员或技术人员。其中，基层管理者和核心骨干之间、中层管理者与专家之间的工资相同，并且两个职位之间还可以相互转换。但到了高级管理者和资深专家的职位时，管理者的职位和专家的职位不能改变，管理者的发展方向是职业经理人，而资深专家的职业是专业技术人员。

华为的这种双向晋升通道，给予员工更多的选择机会，同时将技术职能和管理职能平等考虑，帮助员工成长，也减少了优秀员工的离职率。

第二，重视人力资本价值。

华为对于人力资本价值的重视，主要表现在以下三点：

（1）股权激励范围扩大。最初，华为公司所进行的股权激励是偏向于核心的中高层技术和管理人员。随着公司的不断发展，华为开始有意识地稀释大股东的股权，扩大员工的持股范围和持股比例，增加员工对公司的责任感。

（2）华为基本法。该法指出："我们认为，劳动、知识、企业家和资本创造了公司的全部价值"，"我们是用转化为资本这种形式，使劳动、知识及企业家的管理和风险的累积贡献得到体现和报偿；利用股权的安排，形成公司的中坚力量和保持对公司的有效控制，使公司可持续成长。"这说明股权激励是员工利用人力资本参与分红的政策之一。

（3）研发投入。华为每年都将销售收入的10%投入到科研中，这高出国内高科技企业科研投资平均数的一倍多。事实上，华为的理念就是使最优秀的人拥有充分的职权和必要的资源去实现分派给他们的任务。

第三，有差别的薪酬体系。

华为通过股权激励，不仅使华为员工有了归属感和责任感，还利用薪酬体系，拉大员工收入差距。随着近几年华为的发展，股权分红对员工收入的影响因子达30%以上，这对员工而言很具有激励性。

但对于员工来说，由于华为公司在对员工进行绩效考核上采取定期考察、实时更新员工工资，因而员工不需要担心自己的努力没有被管理层发现，自己只要负责努力工作就行。

这种措施保证了科研人员比较单纯的竞争环境，有利于员工的发展。

同时，华为对管理层的考察也是采用三维度的方式，即领导个人业绩、上级领导的看法，以及领导与同级和下级员工的关系，增强了领导人的公信度。

第四，未来可期待的前景。

股权激励不是空谈股权，能在未来实现发展和进行分红是股权激励能否成功实施的关键。而行业内，华为公司领先的行业地位和稳定的销售收入，成为其内部股权激励实施的经济保证。

3.6.3　华为股权激励的启示

华为作为通信行业的领头企业之一，我们可以从其发展轨迹，以及股权激励中获得一些启示，如图3-8所示（见下图）。

| 1.重视人力资本，积极实施股权激励 | 2.保证员工的职业发展空间 | 3.股权留住核心人员，共度企业难关 | 4.弱化管理职能部门的权力 |

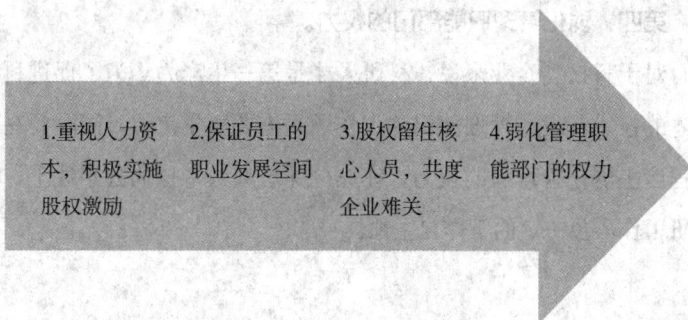

图 3-8　华为股权激励的启示

第一，重视人力资本，积极实施股权激励。

重视掌握核心技术的员工，用多方面的措施，尤其是股权激励等措施，令员工获得收益。

企业不但需要改进自己的管理水平，在盈利和发展都可观的时候，及时进行股权激励，让员工共担企业发展风险的同时，也能享受到企业发展带来的利润。

第二，保证员工的职业发展空间。

对于创业企业来说，技术人员和管理人员的薪酬，需要根据企业的特点和对技术人员的依赖性合理地设计。另外，华为的任职资格双向晋升通道保证了员工的发展空间。

第三，股权留住核心人员，共渡企业难关。

在经济危机期间，企业容易人才流失。对员工进行股权激励，一方面增加了员工的主人翁意识，另外一方面也有利于减少员工的流失率。同时，股权激励是建立在未来盈利水平上的，因而对于公司来说，更要积极开拓市场，增加市场份额，以保证公司未来广阔的发展空间和稳定的现金流。

第四，弱化管理职能部门的权力。

对于科技型企业来说，科研人才是第一生产力。为了促进科研人才的技术开发，管理部门的工作职责需要科学定位，同时要在一定程度上弱化管理者的权力，在充分保证绩效考核的公平性上，给科研工作人员一定的工作自主性。

第四章　股权融资：
扩张资本市场的不二法门

股权融资是企业解决资金的一种有效手段。近年来，随着法律法规的逐渐完善，股权质押融资成为中小企业融资的一种理想选择。本章，我们会详细讲述企业通过股权质押、股权转让、股权私募及股权众筹进行融资的方式、方法。

4.1 股权质押融资

企业利用股权进行质押融资，不但可以节省融资成本，还能明确自己手中的股权价值，以及将静态的股权盘活为可用的流动资金。但是，在股权质押融资的过程中，需要防范风险，最终形成良性循环。

股权质押属于权利质押，是指出质人与质权人协议约定，出质人以其所持有的股份作为质押物，当债务人到期不能履行债务时，债权人可以依照约定就股份折价受偿，或将该股份出售而就其所得价金优先受偿。其中债务人或者第三人为出质人，债权人为质权人，股权为质物。

所谓股权质押融资，是指公司股东将其持有的公司股权或者第三人持有依法可以转让的公司股权出质给银行或其他金融机构，获取贷款的融资方式。

4.1.1 股权质押解读

一般观点认为，以股权为质权标的物时，其效力并不等于拥有股东的全部权利，而是只拥有财产权。也就是说，股东出质股权后，质权人只能行使与财产权利相关的权利，如收益权。而参与企业重大决策等权利，仍由出质股东行使。

　　例如，一家注册资金2000万元的互联网科技，为了扩大规模，需要对外进行融资。因没有任何高附加值的实物做抵押，该企业就将第一大股东的90%股权作为质押物抵押给创投公司，成功融资1000万元人民币。但两年后，该企业发生股东变故，需要转换股东与法人代表。因此，该企业股权调整完毕后，需重新办理股权质押。

　　关于股权质押融资，需要了解如图4-1所示的3个基本点内容。

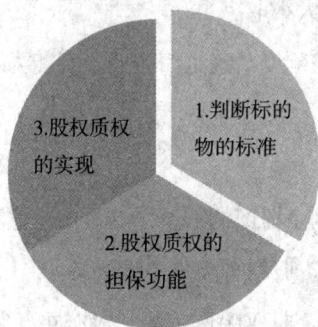

图4-1　股权质押融资的3个基本点

第一，判断标的物的标准。

　　（1）股权出质时，需确定出质的权利。股权质押时，不论是财产权利还是其他权利，都看不到、摸不到，因而需要通过转移凭证或登记来进行。

　　出质人无力清偿债务时，需注意质权执行问题：《中华人民共和国担保法》第七十一条规定，债务履行期届满质权人未受清偿的，可以与出质人协议以质物折价，也可以依法拍卖、变卖质物。

第二，股权质权的担保功能。

作为一种担保物权，股权质权是为担保债权的实现而设立的。因而股权质押担保力的大小直接决定了债权的安全，以及质权人的切身利益。事实上，分析股权质权担保功能，对质权人来说，是非常重要的。

（1）对出质权价值的分析。由于股权质权的担保功能是建立在股权价值上的，股权价值的大小直接决定了股权担保功能的大小。而股权价值体现为红利和分配企业剩余财产两部分。从这个角度出发，出质股权价值的大小取决于：

① 可获得红利的额度。这是由企业盈利能力、发展前景所决定的。以股票出质的，股票的种类，如优先股和普通股，也是影响红利额度的因素。

② 可获得企业剩余财产的额度。这是由企业资产及负债情况决定的。以股票出质的，股票种类是关键因素。

出质股权的比例：股权比例越高，股东可获得红利与剩余财产就越多，反之亦然，因而处置权的大小与出质权的比例成正比。

（2）对出质股权价值交换的分析。股权的交换价值是股权价值及股权在让渡时期的价格表现形式。而出质股权的交换价值是衡量股权质权担保功能的直接依据，也就是债权的价格。通常来说，出质股权的交换价值受到市场供求、市场利率及股权质权期限的影响。

第三，股权质权的实现。

股权质权的实现是指股权质权人对其债权的清偿期已满，需要进行清偿。处分出质权可以让债权得到优先清偿。股权质权的实现方式，即对质物处分的方法。股权质权的实现，与动产质权相同，通常需要满足"债券清偿期满而未受到清偿"，以及"质权有效存在"这两点。

4.1.2　股权质押融资的特性

股权质押融资的特性，如图 4-2 所示。

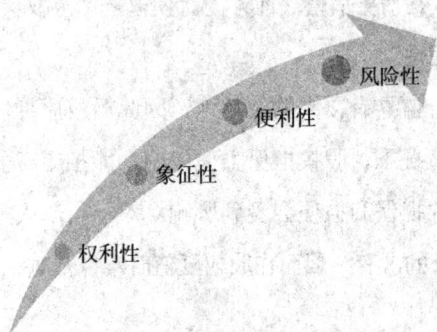

图 4-2　股权质押融资的特性

第一，权利性。

股权质押的标的是股权。股权属于财产权，而财产权是一种以财产为内容的民事权利。但是，并非所有财产权利均可作为权利质押标的。事实上，一种权利要成为质押的标的，必须要满足两点。

（1）是一种能转移的财产权。

（2）应当具有交换价值并可以转让。

而股权同时兼有这两种属性，可以遵循法定程序进行质押融资。

第二，象征性。

股权质押的象征性，是指作为股权质押标的，实际转移占有的仅仅是代表股东权益的股权凭证。由于这种抽象概念上的财产权利，并不能像实体物那样，可以任意地自由处分，因而股权在处分时，不仅必须交付股权凭证项下的财产，而且必须转移股权凭证本身。

第三，便利性。

股权质押由于不具备实体物件，因而质权人对于出质物不需要负有妥善保管的义务。只需要公示，表现质权人对股权凭证的占有，以及保证出质人在债务清偿之前不能行使返还请求权。

第四，风险性。

由于股权价值具有较大的波动性，因此股权质押担保时，在遇到股权贬值的情况下，股权担保主债权的功能相应减弱，质权人就该股权所享受的担保利益便会受到影响。对于出质人来说，因为丧失了对股权凭证的占有，因而在股权贬值时难以及时采取补救措施。

4.1.3　股权质押融资的注意点

根据公司的不同性质，进行股权质押融资时，所需要的条件和手续有所不同。具体来说，如下文所述。

第一，有限责任公司股权质押，需要注意的内容。

（1）有限责任公司股权出质时，出质人与质权人不但要订立书面合同，还要在工商行政管理机关办理出质登记，质押合同自登记之日起生效（登记生效主义）。

（2）股权出质应符合《中华人民共和国公司法》中有关公司股份转让的规定，经股东同意对外出质的股份，在质权实现时，同等条件下其他股东对该股份有优先购买权。若不能取得半数以上股东的同意，则股权不能质押给股东以外的人，股权所有者只能从不同意出质的股东中间挑选质权人。若半数以上股东同意，出质人可以将自己的股权质押给股东以外的质权人，只需在实现质权时保证其他股东的优先购买权即可。

（3）根据《中华人民共和国物权法》规定，有限责任公司在工商行政管理部门办理出质登记，股权质押贷款当事人须凭股权质押合同到工商行政管理部门办理股权出质登记，并在合同约定的期限内将股权交由工商行政管理部门托管，即股权出质记载于保存在工商行政管理部门的公司股东名册后，股权质押合同生效。

第二，股份有限公司股权质押，需要注意的内容。

（1）股份有限公司股权出质时，出质人与质权人应当订立书面合同，并向工商行政管理机关办理出质登记。质押合同自登记之日生效。

（2）股权出质也应符合《中华人民共和国公司法》中有关股份转让的规定，借款人必须提供其所持股份所属股份公司董事会同意股权质押贷款的决议、股东名册和股东大会授权书。

如果非上市股份公司的股权被托管在托管中心或者产权交易中心，那么将来实现质权时，需由股权托管机构向工商登记部门提交出质股份的查询（核对）要求。

（3）《中华人民共和国物权法》规定非上市股份公司在工商行政

管理部门办理出质登记，并在合同约定的期限内，将股权交由工商行政管理部门托管，即股份出质记载于保存在工商行政管理部门的公司股东名册后，股份质押合同生效。

（4）上市公司的股权质押，《中华人民共和国物权法》规定：以基金份额、证券登记结算机构登记的股权出质的，质权自证券登记结算机构办理出质登记时设立。另外《中华人民共和国证券法》规定：股份公司上市之前必须将股东名册统一托管到证券登记结算机构。

第三，外商投资企业股权质押，需要注意的内容。

外商投资的公司股权出质时，应当经原公司设立审批机关批准后，方可办理出质登记。另外，以国有资产投资的中方投资者股权质押，实现质权时必须经有关国有资产评估机构进行价值评估，并经国有资产管理部门确认，评估结果应作为该股权的作价依据。

4.1.4　股权质押融资的途径

企业股权质押融资较多的，通常有以下三个途径：

第一，直接与银行等金融机构进行股权质押融资。

公司股东等股权出质人出面，以其所拥有的公司股权作为标的，通过订立书面出质合同，质押给银行、农村信用社等金融机构。在这种情况下，如果金融机构直接将资金借给出质人，就使金融机构拥有股权质权人和债权人的双重身份，明显加大金融机构的风险。

因而，很多金融机构只是针对注册资本数额较大、实力雄厚、生产规模较大、经济效益良好的企业提供这种贷款服务，更多的情况则是中小企业寻找一家有较高信誉度的担保机构作为保证人，由金融机构将贷款借给保证人，再由保证人提供给中小企业。

第二，由公司股东采用股权质押形式，向担保公司提供反担保，进行股权质押融资。

进行股权质押融资时，中小企业会先向银行提出贷款申请，由担保公司向银行作出担保，然后再由公司股东采用股权质押形式，向担保公司提供反担保，最终达到融资目的。

第三，公司与公司之间，基于股权转让款项交付条件进行担保，实施股权质押融资。

此类模式通常是这样操作的：A 公司控股股东将持有的 A 公司股权转让给 B 公司。双方签订股权转让协议和还款协议后，为确保还款协议顺利履行，A 公司的股权转让方以股权出质登记方式进行反担保。B 公司的股权受让方先将股权质押给转让方，作为付款的担保，待还款结束后双方再办理股权质押注销登记。

4.1.5　股权质押融资的风险

由于股权资产的特殊性，较之固定资产抵押和质押、第三方担保等方式，股权质押通常会有如图 4-3 所示（见下页）的风险。

第一，股权价值下跌的风险。

股权质押时，质权人接受股权，意味着从出质人手里接过股权的市场风险。而股权价格波动的频率和幅度都远远大于传统用于担保的实物资产。事实上，无论是股权被质押企业的经营风险，或者是其他的外部因素，最终都会反映在股权价格上。因而当企业出现资不抵债时，股权价格下跌，此时即使转让股权，都有可能不足以清偿债务。虽然法律规定质押物变价后的价款不足以清偿债务的，不足部分仍由债务人继续清偿，但是这将消耗质权人大量的成本和收益。

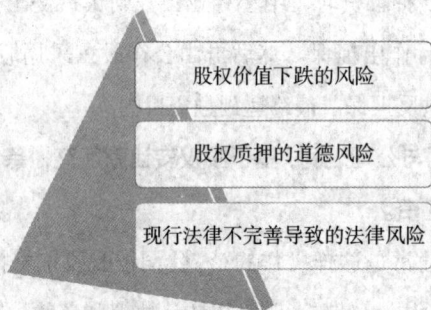

图4-3 股权质押融资的风险

第二，股权质押的道德风险。

所谓股权质押的道德风险，是指股权质押可能导致公司股东"二次圈钱"，甚至出现掏空公司的现象。

由于未上市公司的治理机制相对不完善，信息披露不透明，而质权人难以对企业的生产经营、资产处置和财务状况进行持续跟踪、了解和控制，很容易导致企业通过关联交易，掏空股权公司资产，悬空银行债权。

第三，现行法律不完善导致的法律风险。

由于现行的股权质押制度不完善，很可能给质权人带来如下风险：

（1）优先受偿权的特殊性隐含的风险。股权质押制度的优先受偿权是指，当出质公司破产时，股权质权人对出质股权不享有对担保物的别除权，因为公司破产时其股权的价值接近于零，股权中所包含的利润分配请求权和公司事务的参与权已无价值，实现质权几无可能。

（2）涉外股权瑕疵出资导致的风险。《中华人民共和国外商投资企业法》规定，允许外商投资企业的投资者在企业成立后按照合同约定或法律规定或核准的期限缴付出资，实行的是注册资本授权制，即股权的取得并不是以已经实际缴付的出资为前提，外商投资企业的股东可能以其未缴付出资部分的股权设定质权，给质权人带来风险。

事实上，股权质押融资活动中的风险，主要是由股权的特性、法律体系制度等内外条件造成的。因而建立风险防范机制，也主要是如图4-4所示的两点。

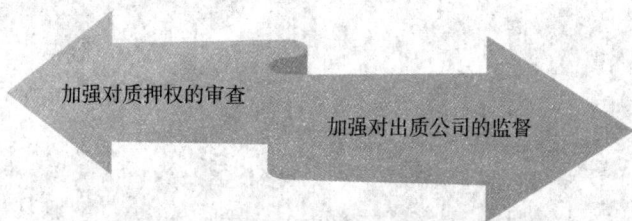

加强对质押权的审查

加强对出质公司的监督

图4-4　股权质押建立风险防范机制

第一，加强对质押权的审查。

在办理股权质押融资时，一方面应对借款企业及被质押股权所在公司状况进行严格审查。例如公司的管理水平、财务状况、市场竞争力等。通过有效审查，鉴别出有实力的企业和有价值的股权。另一方面需要审查，是否违反股权转让的限制性规定。如借款人为公司股东,股权设质是否经全体股东过半数同意,或者借款人为公司发起人之一,其股权设质时公司成立是否已届满三年。

第二,加强对出质公司的监督。

对于股权质押融资来说,不仅要监督和限制贷款单位的清偿能力,还要保证出质股权的保值和增值,防范股权出质的道德风险,以及对被质押单位的经营行为进行适当监督和限制。

4.2　股权转让融资

对于有些生产经营良好，只是资金链暂时陷入困境的企业来说，以适宜的条件，转让股份或引入上下游企业作为投资者，可以解决企业临时性资金短缺的难题。这对于陷入资金困境的上市公司来说，同样也是一个很好的自救手法。

4.2.1　股权转让融资的基本概念

股权转让融资，是指企业出让部分股权，用以筹集企业发展所需资金。股权转让后，股东把对企业所发生的权利义务关系全部转移于受让人，受让人因而成为企业的股东，获得股东权。

股权出让后，会对企业的 4 个方面产生影响，如图 4-5 所示。

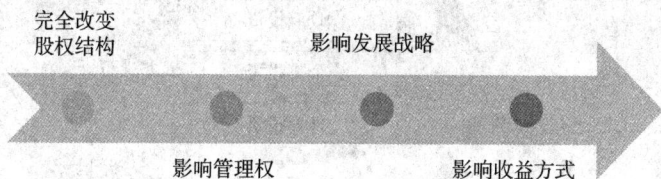

完全改变
股权结构　　　　　　　　影响发展战略

影响管理权　　　　　　　影响收益方式

图 4-5　股权转让对企业产生的影响

第一，完全改变股权结构。

企业出让股权后，原股东的股权被稀释，部分企业的股东会丧失控股地位，甚至完全丧失股权。

第二，影响管理权。

股权转让后，企业管理权也将随股权出让，归控股股东所有。

第三，影响发展战略。

股权变化后，企业的管理权也会随之发生变化。新管理者很可能有不同的发展战略，甚至完全改变创业者的初衷和设想。

第四，影响收益方式。

通常投资者不像创业者那么注重企业长远的发展前景，因而很可能会改变企业的发展战略以实现短期收益。

4.2.2　股权转让融资对象的选择

股权转让融资的对象，通常有如图 4-6 所示的这 5 类。

大型企业

产业投资基金

政府投资

个人投资

外商投资

图 4-6　股权转让融资对象的选择

第一，大型企业。

小企业吸引大企业投资，不单单只是为了解决资金问题，更在于能利用大企业的技术和渠道，令企业上一个新台阶。不过，在吸收大企业投资时，需要注意股权转让的份额，以保证自己的控制权。

股权转让融资的形式主要有：卖掉企业所有资产和负债的全面收购、部分出售企业资产和负债的部分收购，以及战略联盟、联营和合作等。从股权角度看，又可以分为被大型企业控股和不控股两种。

第二，产业投资基金。

产业投资基金也叫创业投资资金，主要作用是集中社会闲散资金，投资于有发展潜力的新兴企业。现阶段，这种制度已经成为中小企业股权转让融资的考虑对象。

第三，政府投资。

我们各级政府都设立了科技发展基金、创新基金和投资基金，用于促进中小企业尤其是科技型企业的发展。因而对于企业来说，能争取到这类投资，是最佳的融资方式了。

第四，个人投资。

个人投资对象，不单是企业内部员工，也包括社会人员。事实上，只要身份没有限制性规定，资金来源合法，又愿意投资企业，双方在友好协商后，就是企业的投资人。

第五，外商投资。

外商投资是指外国投资者购买企业股权，这种情况下形成的资本金叫外商资本金。

4.2.3 股权转让协议的内容和手续

股权转让协议，一般包括以下内容：

（1）当事人双方基本情况，包括转让方与受让方的名称、住所、法定代表人的姓名、职务、国籍等。

（2）公司简况及股权结构。

（3）转让方的告知义务。

（4）股权转让的份额、价款及支付方式。

（5）股权转让的交割期限及方式。

（6）股东身份的取得时间约定。

（7）股权转让变更登记约定，实际交接手续约定。

（8）股权转让前后公司债权债务约定。

（9）股权转让的权利、义务约定。

（10）违约责任。

（11）适用法律争议解决方式。

（12）通知义务、联系方式约定。

（13）协议的变更、解除约定。

（14）协议的签署地点、时间和生效时间。

而股权转让的手续，通常需要以下这些：

（1）首先需要与第三方（受让方）签订《股权转让协议》，约定股权转让价格、交接、债权债务、股权转让款的支付等事宜，转让方与受让方在《股权转让协议》上签字盖章。

（2）股东对欲转让给第三方的股份有特殊约定，如放弃优先购买权，则需出具放弃优先购买权的承诺或证明。

（3）需要召开老股东会议，经过老股东会表决同意，免去转让方的相关职务，表决比例和表决方式按照原来公司章程的规定进行，参加会议的股东在《股东会决议》上签字盖章。

（4）需要召开新股东会议，经过新股东会表决同意，任命新股东的相关职务，表决比例和表决方式按照公司章程的规定进行，参加会议的股东在《股东会决议》上签字盖章。讨论新的《公司章程》，通过后在新的《公司章程》上签字盖章。

（5）在上述文件签署后 30 日内，向税务部门缴纳相关税款，再向公司注册地工商局提交《股权转让协议》《股东会决议》、新的《公司章程》等文件，由公司股东会指派的代表办理股权变更登记。

4.2.4　股权转让融资中的关键点

股权转让融资中，如图 4-7 所示的这几个关键点需要注意。

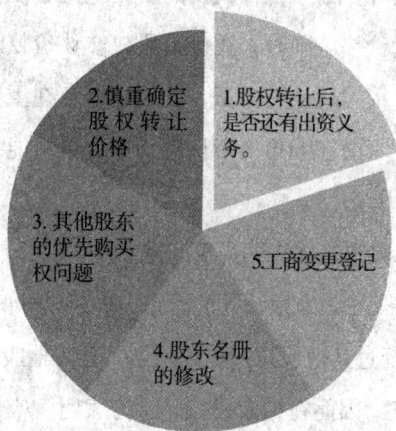

图 4-7　股权转让融资中的关键点

第一，股权转让后，是否还有出资义务。

根据我国公司法的规定，股东只要认缴了出资，即使股东实际未履行出资义务，也仍然取得股东资格并享有相应的股东权利。在这种情况下，股东虽然享有股权，但是该股权仍然负载着出资义务，并且这种出资义务不受诉讼时效的约束。

在实际操作中，这种尚未全面履行出资义务的股东股权仍然可以转让。因而对于受让人来说，需要知道所受让的股权仍然负有尚未履行的出资义务，并且受让人需要与转让人一起对此承担连带责任。

因此，受让人在签订股权转让合同前，应当认真审查拟受让的股权是否仍然存在着尚未履行的出资义务，以及拟受让的股权是否存在其他权利负担，譬如股权质押等。

第二，慎重确定股权转让价格。

在转让股权时，应当根据公司的资产状况、经营现状等因素科学确定股权转让价格。同时，在确定股权转让价款时，应当认真审查转让人是否已经履行出资义务，公司是否存在重大债务，公司是否有重大诉讼或者潜在的重大诉讼行为等，尽可能缩减任何可能影响到股权价格的因素。

第三，其他股东的优先购买权问题。

我国公司法规定，有限公司的股东向股东以外的人转让股权（对外转让），需要经过其他股东过半数同意，且其他股东在同等条件下享有优先购买权。因而在拟定股权转让方案时，需要确定是股东之间相互转让股权，还是对外转让股权。如果是对外转让股权，需要书面征询其他股东是否同意及是否放弃优先购买权。

第四，股东名册的修改。

认定股东资格，有形式标准和实质标准。

形式标准主要是指股东名册，具有股东身份的推定效力。只要是记载在股东名册上的，就是公司的股东，可以依股东名册主张股东权利。因此，在签订股权转让协议后，还应当及时修改股东名册，将受让人记载于股东名册。如果公司拒不履行该法定义务，当事人可以请求法院判决强制公司履行该义务。受让人只有在其姓名或名称记载于股东名册后，才可以向公司主张股东资格并行使股东权利。

第五，工商变更登记。

股权转让合同签订后，除了要将受让人记载于股东名册和修改章程外，还应当进行工商变更登记，将受让人登记记载于工商登记资料中。

根据公司登记管理条例的规定，有限责任公司变更股东的，应当自变更之日起 30 日内申请变更登记，并应当提交新股东的主体资格证明或者自然人身份证明。

股权转让合同签订后，如果没有及时进行工商变更登记，则受让人取得的股权仍存在着诸多风险。由于工商登记资料中股权仍显示在转让人的名下，因此，该股权有可能会被转让人擅自处分，或者被转让人进行股权质押。因此，股权转让中的工商变更登记非常重要。

另外，需要指出的是，未进行工商变更登记，原则上并不影响股权在转让人与受让人之间的变动，也不影响股权转让合同的效力。

4.2.5　股权转让协议8大注意事项

在拟定股权转让协议时，需要遵守《中华人民共和国公司法》和《中华人民共和国合同法》的规定。一般来说，协议需要注意如图4-8所示的8大事项。

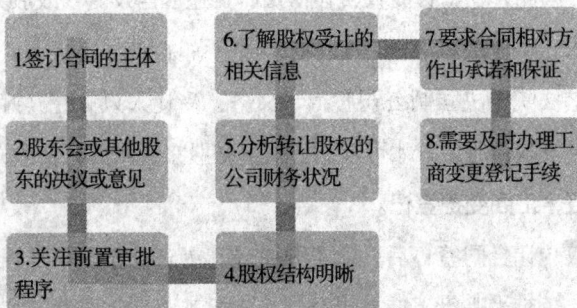

图4-8　股权转让协议八大注意事项

第一，签订合同的主体。

在股权转让中，出让股权的主体应当是公司的股东，受让方可以是原公司的股东，也可以是股东外的第三人。

合同签订时，需要注意区分是和公司股东签订的股权转让合同，还是以公司名义签订的股权转让合同，否则会造成签约主体的混淆。另外，如果受让方是公司，要考虑是否需要经过股东会决议通过；如果是自然人，则要审查其是否已注册过有限责任公司。

第二，股东会或其他股东的决议或意见。

股东在对外转让股权前要征求其他股东意见，其他股东在同等条件下，放弃优先购买权时，才能向股东外第三人转让。另外，无论是开股东会决议还是单个股东的意见，均要形成书面材料，以避免其他股东事后反悔，产生纠纷。

第三，关注前置审批程序。

如国有股权或外资企业股权转让时，还要涉及主管部门的审批，否则签订的股权转让合同无法履行。

第四，股权结构明晰。

受让方需要审阅转让股权的公司章程、营业执照、董事会决议、股东会决议等必要的文件，对转让股权的公司做详细了解。

第五，分析转让股权的公司财务状况。

主要包括以下几点：

（1）考察企业生产经营情况：主要包括企业的生产经营活动是否正常、核实企业的供货合同或订单。

（2）分析企业财务状况：核查企业近两年的审计报告及近期财务报表、资产规模、负债情况，核实企业所有者权益的形成，以及判断企业的盈利能力、偿债能力。

（3）企业的纳税情况调查。

第六，了解股权受让的相关信息。

（1）注意所受让的股权是否存在非货币财产的实际价额显著低于认缴出资额的问题。

（2）注意所受让的股权是否出资按时、足额缴纳。

（3）注意所受让的股权是否存在股权出质的情形。

第七，要求合同相对方作出承诺与保证。

通常包括以下几点：

（1）保证本次转让股权有关的活动中所提及的文件完整、真实，且合法有效。

（2）保证其转让的股权完整，未设定任何担保、抵押及其他第三方权益。

（3）保证其主体资格合法，有出让股权的权利能力与行为能力。

（4）如股权转让合同中涉及土地使用权问题，出让方应当保证所拥有的土地使用权及房屋所有权均系合法方式，合法拥有，不存在拖欠土地使用出让金等税费问题，可依法自由转让。

（5）出让方应向受让方保证，除已列举的债务外，无任何其他负债，并就债务承担问题与受让方达成相关协议。

（6）保证因涉及股权交割日前的事实而产生的诉讼或仲裁由出让方承担。

出让方应当要求受让方作出如下承诺与保证：

（1）保证其主体资格合法，能独立承担受让股权所产生的合同义务或法律责任。

（2）保证按合同约定支付转让价款。

第八，需要及时办理工商变更登记手续。

由于股权转让过程长、事项繁杂，很多企业都没有及时办理工商变更登记手续，其隐藏的风险是巨大的。在办完股权转让的同时，必须及时办理好相应的工商变更登记手续，防患于未然。

4.3 私募股权融资

私募股权投资（Private Equity），简称 PE。从投资方式的角度看，指通过私募形式对非上市企业进行的权益性投资，在交易实施过程中附带考虑了将来的退出机制，即通过上市、并购或管理层回购等方式，出售持股获利。私募股权融资能解决中小微企业的"融资难"问题，有利于企业拓宽新的融资渠道。

4.3.1 私募股权融资对企业的意义

从企业发展角度来说，现阶段中小微企业虽然迅猛发展，但是存在规模较小、风险意识淡薄、抵抗风险能力较弱的缺点。另外，中小微企业往往组织结构单薄，缺乏科学的方式对未来进行长远规划。因而，在企业运营过程中，一方面由于缺乏现金流管理经验，另一方面也正是因为本身所存在的缺陷，缺乏银行或者其他资金的支持，很有可能导致现金流断裂。

在这个基础上，私募股权融资"聚合资金，集合投资；组合投资，分散风险；专家管理，放大价值"的特点，倒是更为灵活的匹配中小微企业的实际需求。

图 4-9 是私募股权融资对中小微企业发展所带来的意义。

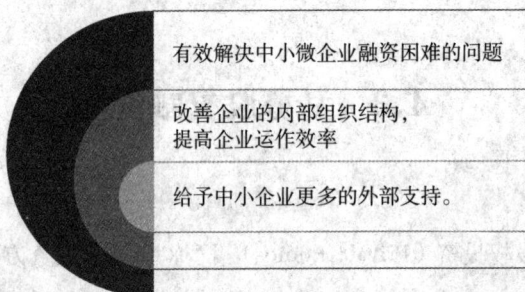

有效解决中小微企业融资困难的问题

改善企业的内部组织结构，
提高企业运作效率

给予中小企业更多的外部支持。

图 4-9　私募股权融资对中小微企业发展带来的意义

第一，有效解决中小微企业融资困难的问题。

相对于公募股权融资、公募债权融资和私募债务融资来说，私募股权融资对企业的要求最低。由于投资者奉行的是高风险、高收益的投资理念，因而即使部分项目投资失败，也可以通过大多数项目的高收益来弥补损失。

对于中小微企业来说，由于私募股权融资是长期投资行为，其利润模式是通过对企业或者产业的培育来取得收益，例如私募股权投资对企业的"投后管理"。因此，中小微企业可以在几年内获得稳定且充足的资金来源。

第二，改善企业的内部组织结构，提高企业运作效率。

引入战略性私募投资者，不但能帮助中小微企业改善股东结构，还能建立起有利于企业未来上市的治理结构、监管体系和财务制度。

（1）通常，私募股权投资者对企业的投资，是以企业经营业绩为标准。因而在分段投资策略、投资激励机制建立过程中，私募股权投资者的这一投资原则，是始终贯穿的。从这个宗旨出发，私募股权投资者会指派企业的董事会成员进入企业，监督企业内部制度，积极主动地了解企业的真实经营状况和财务状况，为企业提供经营、融资、人事等方面的咨询与支持，营造一种良好的内部投资机制。

（2）缓解投资中的信息不对称，防范道德风险与逆向选择。私募股权投资者掌握内部信息，会为保护自身投资权益而对企业经营管理活动进行干预和监控，可以有效消除所有者与经营者之间的信息不对称，有利于防范道德风险与逆向选择。

第三，给予中小企业更多的外部支持。

（1）拓展企业的外部资源。

私募股权投资基金是专业的投资中介，具有丰富的投资经验、成熟的管理团队和控制特定市场的能力。对于企业来说，能依靠投资者的自身资源帮助，获取更好的发展渠道，拓展财务资源及商业伙伴，并获得投资方管理和治理机制方面的辅导。

（2）促进企业上市。

私募股权公司通常在企业股权重组过程中，就对企业进行了相应的财务、金融和法律等方面的再造，努力使其结构符合上市要求。

4.3.2　各轮次的私募股权融资

股权融资已经是初创公司发展升级的必经之路，通常来说，风险融资分为种子阶段、天使轮、启动阶段（A轮）、发展阶段（B轮）、扩大阶段（C 轮）、预上市阶段（IPO）这六个阶段。

各轮次的融资有共性，也有差别，具体内容如下所述：

第一，种子阶段。

在这个阶段，初创企业一般只有创意却没有具体的产品或服务，创业者只拥有一项技术上的新发明、新设想及对未来企业的一个蓝图，缺乏初始资金投入。

而投资种子阶段的投资人，往往投的钱不会很多，一般在 10 万到 100 万元。事实上，在种子阶段，投资人需要初步了解项目的投资价值所在，投入更多时间进行观察和考量。

第二，天使阶段。

指的是公司对产品有初步的框架搭建，团队核心成员组建完毕，同时积累了一部分的核心用户。

天使投资，是对于高风险、高收益的初创企业的第一笔投资。这个阶段投资人主要看的是创业团队和创业方向。投资额度一般在 100 万到 1000 万元。

第三，启动阶段：Pre-A/A 轮。

Pre-A 就是 A 轮之前的融资，主要是针对创业公司 A 轮投资前的投资产品，介于天使与 A 轮之间。

Pre-A 可以看作一个缓冲阶段，因为这个阶段公司产品优秀、团队靠谱，且有良好的用户数据或者增长趋势明显，但是又尚未达到 A 轮融资标准的项目。因而这个阶段的资金投资，可以让创业者缓解资金压力，也可以让新的投资人进来。

而当公司发展到 A 轮阶段时，创业核心团队、精益的管理模式都完善起来，同时产品也已经进行了局部或者完全的市场检验，但此时公司却还可能未盈利，也没有较高的社会知名度。A 轮的投资资金额度一般在 1000 万到 1 亿元左右。

在这个阶段，投资机构通过观察创业团队的执行力、调研项目，确认项目是否具备足够的发展空间，最终决定是否要进行持续的投资。

对于投资者来说，这个阶段公司产品基本成熟，投资风险开始缩小。

第四，发展阶段：B 轮。

创业公司经过一轮烧钱后，获得了较大发展，知名度和影响力都有所提高，用户数量也得到增长，甚至有些公司还开始盈利，并且盈利模式趋于完善。在这个基础上，由于商业模式和盈利模式通过了市场的检验并充分完善，此时公司对未来的发展已经有了详细的战略规划。

这个阶段的融资，资金来源一般是上一轮的风险投资机构跟投、新的风投机构加入、私募股权投资机构加入。投资额度一般在 2 亿元以上。

第五，扩大阶段：C 轮。

此时，大多数公司除了拓展新业务，补全商业闭环外，还有了准备上市的意图。这个阶段的企业有了一定的市场份额，并且试图将此扩大，加大销售规模和扩展产品形态及提升管理效率。当企业处于这个阶段，资金来源主要就是私募股权投资了。当然，之前的部分 VC 也会选择投资，且投资额度一般在 10 亿元左右。

另外，这个阶段准备进入的投资人会分析企业目标的达成情况并观察评审新设定的目标，关注成本降低措施的执行。

第六，C 轮以后的融资。

大部分公司一般 C 轮后就会上市，但也有公司选择融 D 轮，甚至更多轮的融资，这主要是由公司的业务类型和发展战略决定的。

最终，预上市阶段：IPO。

对于投资者来说，上市退出是最完美的退出方式之一，这意味着自己可以拿到理想中的回报。公司上市的第一件事就是 IPO，即首次公开募股，是指一家企业或公司（股份有限公司）第一次将它的股份向公众出售。只有首次公开上市完成后，公司才可以申请到证券交易所或报价系统挂牌交易。IPO 需要经过多个环节的严格审核。

4.3.3　中小微企业私募股权融资流程

从整体而言，中小微企业私募股权融资，有 5 个阶段和 16 个步骤，如图 4-10 所示。

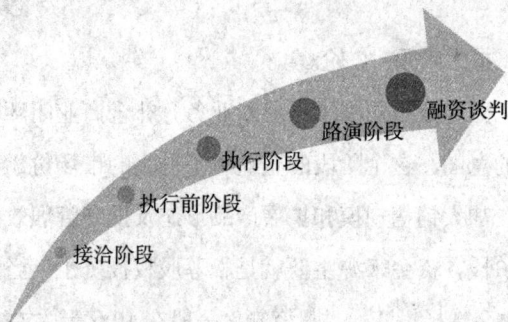

融资谈判

路演阶段

执行阶段

执行前阶段

接洽阶段

图 4-10　融资的 5 个阶段

第一，接洽阶段：将调研、思考的内容，和项目方充分沟通。

第二，执行前阶段：采用详尽的调研分析。

第三，执行阶段：为后续融资做质量保证。

第四，路演阶段：包括周密管理和解决问题。

第五，融资谈判：能够提供重要支持并且促进签约。

而中小微企业私募股权融资的整个步骤，包括以下内容：

第一阶段：

（1）企业方和融资顾问签署服务协议，包括为企业获得私募股权融资提供的整体服务。

（2）融资顾问准备专业的私募股权融资材料。

（3）私募股权融资材料包括但不限于：公司背景介绍、结构、产品、业务、市场分析、竞争者分析等；企业过去三年审计过的财务报告；在融资资金到位后，企业未来三年销售收入和净利的增长。

（4）确定企业让出的股份数额。

（5）将融资材料发给多家投资机构，并就该项目展开讨论。

（6）与对项目感兴趣的 PE 进行密集的沟通。筛选出哪一家 PE 有可能给出最高的估值，同时也有相关行业投资经验，能够帮助公司成功上市。

第二阶段：

（1）安排投资机构的合伙人和公司老板面对面地会谈。

（2）陪同投资机构合伙人去实地调查项目，确保投资机构提出的问题，都能有所回答。

（3）争取获得至少两到三家 PE 的投资意向书。投资意向书通常包括对公司的估值，及一些条款，包括出让多少股份、股份类型，以及完成最终交易的日程表等。

（4）确定接受哪个私募股权投资基金的投资，并签订投资意向书。

第三阶段：

（1）尽职调查开始。需要保证公司的律师、审计师和 PE 的律师、审计师等相关人员紧密顺利地合作。

（2）尽职调查包含三个方面：财务方面——会计师事务所完成，对企业的历史财务数据进行分析；法律方面——律师事务所完成，对企业的法律文件、注册文件、许可证及营业执照进行核实；经营方面——由投资方人员完成，他们对企业的经营、战略和未来商业计划进行分析。

（3）发出这些尽职调查资料前需要认真检查，以确认上述资料的准确性及充分反映企业的积极信息。

（4）最终合同——尽职调查结束后，投资方将会发来最终投资合同。这份合同超过 200 页，非常详细。

（5）企业与投资方谈判并签署协议。这是一个高强度的谈判过程。

（6）签署最终合同，资金在 15 个工作日到达公司账户。

4.3.4 企业股权融资需要注意的问题

企业在融资过程中，需要注意如图 4-11 所示（见下页）的几个关键问题。

1.	2.	3.	4.	5.
融资总收益大于融资总成本	企业融资规模要量力而行	尽可能降低企业融资成本	选择企业最佳融资机会	寻求最佳资本结构

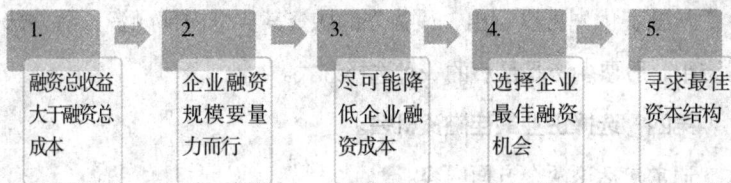

图 4-11　企业在融资过程中需要注意的问题

第一，融资总收益大于融资总成本。

企业进行融资时，最需要考虑的是融资成本和融资后的收益问题。因为融资既有资金的利息成本，还有昂贵的融资费用和不确定的风险成本。因而只有确定利用筹集的资金所预期的总收益大于融资的总成本时，才有必要考虑融资。这是企业进行融资决策的首要前提。

第二，企业融资规模要量力而行。

企业在融资时需要确定融资规模。融资过多，会造成资金闲置、企业负债过多，导致偿还困难，增加经营风险；而融资不足，又会影响企业投融资计划及其他业务的正常发展。因而，需要根据企业对资金的需求、企业自身的实际条件及融资的难易程度和成本情况来确定合理的融资规模。

第三，尽可能降低企业融资成本。

企业融资成本是决定企业融资效率的决定性因素。一般认为，企业融资的优选顺序是：（1）自筹资金。例如，企业投资较小，可以优先考虑存款账户；（2）企业自有资金不足，一般优先考虑调低发放股利；（3）外部融资时，企业首先考虑银行贷款，其次是发行债券，最后是发行股票。

从融资优先可以看出，最优先的融资其实是内部融资，而外部融资中，股票融资是最后的一种选择方式。

第四，选择企业最佳融资机会。

通常包括这两个方面内容。

（1）企业融资战略要有超前预见性。要根据国内外金融形势，了解宏观经济形势，以及内外部各种各样环境因素，合理分析国际国内行业大趋势，寻求最佳融资机会。

（2）考虑具体的融资方式特点，并结合本企业自身的实际情况，适时制定出合理的融资战略。

第五，寻求最佳资本结构。

资本结构是企业融资战略的核心问题，它的实质是资本成本在最小时，必须保持适度的负债比率。举债对中小企业融资有着"税收优惠"和"财务杠杆效应"两个重要影响，同时，还意味着增加破产成本和代理成本。在实际操作中我们发现，中小企业举债越多，破产的概率就会越高，就会相应地增加破产成本。

因而，中小企业应根据实际情况，权衡举债的效应和风险，合理确定企业的最佳资本结构，应用公司价值估计法、权衡资本成本法和类比法等，通过重组、公司治理重构和激励制度再造等配套策略，确保实现资本结构优化。

4.3.5　企业需知的私募股权投资核心条款

投资者在做出决策的时候，就已经做好了退出方案。这些方案分布于投资协议的核心条款中。对于企业来说，为了保证自己的权益，需要了解这些核心条款。

第一，拖带权。

也称"强制随售权""领售权"等，一般是指如果公司在一个约定的期限内未能实现上市，那么私募股权投资者有权强制性要求公司股东与自己一起向第三方转让股份。

对于企业来说，必须慎重对待拖带权。因为这个权益是保护投资者利益的，而且在一定情况下可能出现道德风险，最终损害企业家的利益。

因而，对于企业家来说，如果不能在原则上拒绝接受该条款，就要尽可能做好预防措施。

（1）提高股权比例。通常达到一定股权比例的私募股权投资者，要求行使拖带权时才可能触发该项权限，因而企业可以要求尽可能高的股权比例来保护自己。

（2）关于行使时间。企业应该要求拖带权只有在投资者投资企业几年之后才能行使，例如4年或者5年，这能给企业一个比较长时间的自我发展机会，防止私募股权投资者违背拖带权设立初衷而滥用该权利。

（3）关于购买主体。为了防止道德风险，企业应该要求投资者在行使拖带权时，购买企业的对象不能是竞争对手，或者是投资者投资过的其他公司及任何关联公司和个人，从而杜绝私募股权基金具有任何贱卖企业的利益驱动。

（4）支付方式。为了充分保护自己的利益，企业还可以要求私募股权投资者在行使拖带权时，交易对象只能采用特定的支付方式。例如现金或者上市公司流动股票。因为，如果投资者将企业卖给非上市公司，并且达成是以股权交换方式支付的，那么企业的原有股东就很可能面临接受难以变现的企业股权作为自己出售原有公司股权的代价的尴尬局面。

（5）关于原始股东的优先购买权。指的是企业方还可以和投资者达成协议，如果投资者要行使拖带权出售公司的股权，而企业创始人或者其他原始股东不同意，那么企业创始人或者其他原始股东有权以同样的价格和条件将私募股权基金欲出售的股权买下，从而避免企业被其他不受欢迎的第三方收购。

第二，跟售权。

也称共同出售权，基本上是和拖带权相对应的权利，指的是企业创始人或其他原始股东想要卖股权时，作为小股东的投资者有权与这些股东一起卖，并且遵守同比例原则。一般地，跟售权的设定对于企业没有明显的约束或伤害。

第三，优先购买权。

如果企业创始人或者其他原始股东希望出售自己的股份，那么投资者有权在同等条件下优先购买企业创始人或其他原始股东拟出售股权的权利。事实上，无论是优先购买权、跟售权还是拖带权，其目的都是为了保护投资者的权益，保证投资者可以有效退出。因而企业在面对这些条款时，需要慎重对待。

第四，可转换债券。

债券持有者有权在一定时期内按一定比例或价格将其转换成一

定数量股权的证券。它的特殊性主要包括 3 个方面。

（1）债权性。可转换债券具有规定的利率和期限，投资者可以选择持有债券到期，收取本息。

（2）股权性。可转换债券在转换成股票之前是纯粹的债券，但在转换成股票之后，原债券持有人就由公司的债权人变成了公司的股东，有权参与企业的经营决策与红利分配，也将一定程度上影响公司原来的股权结构。

（3）转换性。可转换债券在发行时，就明确约定债券持有人将债券转换成公司的普通股票的价格，而此时发债公司不得拒绝。

第五，对赌协议。

企业和投资者对于未来不确定的企业经营情况的一种约定。对赌协议的出现主要基于两个目的：企业估价的调整，以及管理层激励。而对赌协议的内容，包括触发条件及股权调整数量。

企业家一定要谨慎对待对赌协议，很多叱咤一时的企业，例如太子奶、永乐电器等都因对赌失败而致公司被收购易主。

因而在制定对赌协议时，不能过于乐观，不要过高地预测企业未来的发展业绩，需知企业经营环境是瞬息万变的，不要与私募股权投资者签订过于苛刻的对赌协议内容。同时，也不要轻易接受投资者提出的对赌条件，尤其是过高的估价调整比例。

第六，反稀释条款。

也称反摊薄条款，其制度核心内容是，如果公司在本轮融资之后又发行了新的股份融资，那么原来的投资者必须获得与新投资者同样的购股价格。

在实际操作中，反稀释条款有两种表现形式。

（1）棘轮条款。

使用棘轮条款时，原先的投资者可以将其所购股份的每股平均价格，摊薄至与新投资者购买股份的价格一致。

棘轮条款是最大限度保护原有投资者的条款，在私募股权投资实践中，多数私募股权投资基金都会要求适用棘轮条款。

（2）加权平均反稀释条款。

加权平均反稀释条款实际是利用了一个比例关系来计算原有股东获得反稀释调整之后的每股价格。这个比例关系是，原有股东反稀释之后的每股价格与原有投资者购买股份的每股价格之间的比例，等于假设新发行采取了原来投资者购买的股份价格时的公司股份数量与新发行之后公司股份数量之间的比例。

第七，回购权。

又称为回赎权，指如果被投资企业在一个约定期限内没有上市，那么被投资企业有义务以事先约定的价格买回私募股权投资者所持有的全部或部分被投资企业的股票，从而实现私募股权投资者退出的目的。

第八，优先清偿权。

指作为优先股的投资者股份，有权按照事先约定的价格获得企业清算价值的全部或一部分。

4.3.6 企业私募股权融资的法律风险和防范

对于企业来说，资金就是企业的血液，企业很容易因为资金链断裂而导致崩盘。尤其是对于中小企业来说，固定资产少，财务制度不规范，信息不透明，向银行贷款和获得债券融资的几率比较小。而私募股权融资，作为私下募集和股权融资相结合的一种融资方式，填补了银行信贷和证券市场之间的空缺，为中小企业提供了新型融资渠道。

企业在融资过程中，要做好充分的法律防范工作，主要内容如图 4-12 所示。

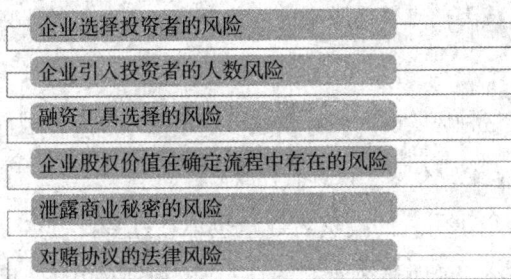

企业选择投资者的风险

企业引入投资者的人数风险

融资工具选择的风险

企业股权价值在确定流程中存在的风险

泄露商业秘密的风险

对赌协议的法律风险

图 4-12　企业在融资过程中做好充分的法律防范工作

第一，企业选择投资者的风险。

企业在融资时需要有自己的明确目标，是为了解决资金缺乏，还是希望投资者同时为企业发展创造其他有利条件。

通常来说，投资者有两种：一种是财务投资者，只是注重短期的获利；另一种是战略投资者，其目标是从企业的长远发展中获利，因而投资期限一般比较长，同时也会为企业提供一些先进的管理理念。

事实上，投资者类型不同，对企业发展的影响也不同。例如，引进战略投资者不但能引入资金，还能对企业有技术和管理上的提升。但是，战略投资者一般会深入介入企业的经营管理，并且持股比例要求较高。一旦企业股份分散，原股东可能会丧失对公司的控制权。因而融资企业不仅要考虑自身的目标和需要，还要研究投资者的意图，小心引狼入室，最终被投资者踢出局。

第二，企业引入投资者的人数风险。

当企业融资时，尤其是需要大量资金时，如果只是引入单一的投资者，那么新进入的股东，有可能因为投资较多而成为控股股东，这将影响到或者彻底替换原来的股东，导致企业创始股东失去公司控股权。

为防止这种风险的产生，企业可以采取分散方式融资，即引入多个投资者，避免被某一投资者控股。

但是，企业引入的投资者数量也不宜过多。事实上，股东人数多，会令公司的决策效率下降。另外，根据《中华人民共和国公司法》第二十四条规定，有限责任公司股东人数在五十人以下；第七十九条规定，股份有限公司的股东人数在二百人以下。

有的企业为了规避《中华人民共和国公司法》对股东人数的限制，而采取股份代持的方式。通常是众多投资者选举一个代表人，作为名义股东持有股份，其他投资者作为隐名股东。但这种方式的隐患很大。一方面，操作复杂，容易引起纷争；另一方面，也容易踩红线，涉嫌非法集资。因此企业融资时，只能向特定主体，避免向不特定的社会公众融资。否则可能涉嫌非法集资，而受到法律制裁。

另外，在特定情况下，如果企业吸收的投资者超过法定人数，例如职工投资入股，则可以考虑采用信托持股方式。

第三，融资工具选择的风险。

在融资方与投资方确定合作意向后，选择哪一种融资工具，对双方的利益和风险都有很大影响。通常来说，私募股权投资者经常选用的融资工具包括普通股、优先股、可转换优先股。

（1）优先股是相对于普通股而言的，主要是指优先股股东在利润分配及剩余财产分配方面优先于普通股股东。

（2）可转换优先股，即允许优先股持有人在特定条件下把优先股转换成为一定数额的普通股。

可转换优先股有利于降低投资基金和被投资企业之间的信息不对称风险，同时降低交易成本，避免企业可能隐瞒盈利或财务上弄虚作假等短期投机行为，减少道德风险。

另外，投资者跟踪和了解企业的经营、财务状况。当企业经营不良时，投资者可以通过企业回购股票和优先股的清算来确保投资方获得一定的红利收益；而企业经营出色时，投资者可以将手中的股权转换成普通股，通过上市来获得较好的投资回报。

因而，对于企业投资者和管理者来说，这会令他们尽力经营好企业，主动避免道德风险的发生。

（1）利润分配。

《中华人民共和国公司法》第三十五条规定，有限公司股东按照实缴的出资比例分取红利。但是，全体股东约定不按照出资比例分取红利的除外。

《中华人民共和国公司法》第一百六十七条规定，股份有限公司按照股东持有的股份比例分配利润，但股份有限公司章程规定不按持股比例分配的除外。

从这两条规定可以看出，对于利润分配，有限公司的全体股东或股份有限公司的章程可以按照约定，不按照出资比例或股份比例分配利润。也就是说，可以按照其他另行约定的比例分取红利，但没有规定在分配顺序方面可以有先后之分。

（2）剩余财产分配。

《中华人民共和国公司法》第一百八十七条规定，公司财产在分别支付清算费用、职工的工资、社会保险费用和法定补偿金，缴纳所欠税款，清偿公司债务后的剩余财产，有限责任公司按照股东的出资比例分配，股份有限公司按照股东持有的股份比例分配。

由此可以看出，我国公司法对于剩余财产分配仅规定按照出资比例或股份比例分配，对比例调整没有预留空间。

而关于优先利润分配的法律风险，我们首先要明确的是，优先是指优先于哪些条件呢？

通常来说，优先股的优先分红权，仅优先于普通股，并不是无条件的享有股利。秉承共同投资、共担风险、共同受益的投资原则，如果投融资双方在融资协议中约定无论企业盈亏，都保证优先股每年分得不少于一定数额或比例的股利，这种约定在司法上将被认定为无效条款。而且，《中华人民共和国公司法》第一百六十七条规定了公司分配利润的条件，公司当年税后利润首先应用于弥补亏损和提取公积金，其后有剩余才能用于分配。因此，优先股的利润分配也必须遵守该条法律规定。

第四，企业股权价值在确定流程中存在的风险。

企业的股权价值，取决于企业整体的价值。双方对企业价值大小的谈判，除以评估结果为基准外，股权、资产、经营等方面的法律风险因素也会影响投资者对企业价值的判断。

（1）企业价值评估方法。

投融资双方通常聘请专业评估机构对企业价值进行评估，评估结果作为双方价格谈判的基准。但是，评估中最主要的问题是选择适当的评估方法，目前最常用的评估方式，有收益法、市场法和成本法。

另外，不同的评估方法，有自己的优点和缺点，以及适用范围和对象。因而要在多种方法中选择一种最为合适的评估方法，从多角度来评估目标企业的价值，对各种方法评估处理的数据相互比较和取舍，以降低价值评估的失误风险。

（2）国有资产评估的法律风险。

在投融资过程中，如果涉及国有资产，需要按照国有资产评估的法律规定履行相应程序，如备案或审批。

根据《企业国有资产评估管理暂行办法》第六条的规定，需要履行国有资产评估程序的情形包括，国有企业以非货币资产对外投资，国有企业接受非国有单位以非货币资产出资。如果国有企业以货币向非国有企业投资，或者国有企业接受非国有企业货币投资，是否需要履行国有资产评估程序呢？该办法没有规定。

（3）股权自身的法律风险。

公司原股东出资是否到位，是否存在名义股东，是否存在股权被质押、被查封，是否存在股权纠纷等问题，都直接影响投资者对股权价值的判断。因此，在企业融资前，公司应消除上述瑕疵，以取得投资者对股权价值的最大程度认可。

（4）企业资产的法律风险。

企业资产的权属关系需要清理。权属纠纷，资产证照不全，资产被抵押、被查封，资产存在权利限制，第三方对企业资产提出权利要求等，会导致投资方对企业资产估值的降低。

（5）企业经营中的法律风险。

如果企业存在诉讼或仲裁的法律纠纷，以及税收、担保，或者存在大额、长期应收款项等经营中的法律风险，也会直接影响投资方对融资企业的价值评定，同时也影响投资方的投资意愿。

第五，泄露商业秘密的风险。

投资方在决定投资前，需要对融资企业进行尽职调查。在融资过程中如何保护商业秘密，是融资企业的一个重要课题。

为了保护商业秘密，投融资双方在谈判的初期，就要签订《保密协议》，协议应当明确保密内容和范围、双方的权利与义务、保密期限、违约责任等。

第六，对赌协议的法律风险。

对赌协议是指在企业未来经营绩效不确定性的情况下，投资者与融资者双方约定根据未来企业运营的实际绩效调整双方的权利和义务。

投资方签订对赌协议可以降低投资风险，而对于融资方来说，对赌协议是一柄双刃剑。虽然签署了协议可以获得大量资金，但是一旦经营业绩目标不能达到约定标准，公司原股东将以割让股权等方式补偿投资方，不但损失巨大，还很有可能导致原股东对公司失去控制权。

对赌协议风险性极高，如果融资企业不得已采用对赌协议，事先应做好风险控制。

（1）签订对赌协议前，应对企业的经营状况和发展前景做出准确判断。

（2）对于企业未来业绩，可以约定一个向下浮动的弹性标准，同时在协议条款中多设计一些盈利水平之外的柔性指标作为评价标准，避免日后巨大的经营压力。

（3）经营业绩标准是否达到约定标准，以审计报告体现的数字为准。

4.3.7　小黄车融资案例

ofo 小黄车是全球第一个无桩共享单车平台，首创"无桩单车共享"模式。作为全球共享单车的原创者和领骑者，自 2015 年 6 月启动以来，ofo 已在全球连接超过 1000 万辆共享单车，日订单超 3200 万，为全球 21 个国家超 250 座城市 2 亿用户提供了超 60 亿次出行服务。

查阅小黄车的发展，我们可以看到，ofo 小黄车的出现，是伴随着城市交通的压力、出行高峰期堵车等现象而来的。

另外，ofo 小黄车无桩共享模式的独创性，将"无桩"概念与互联网和手机相结合，不但让共享自行车具备了随时随地的便利性，也提高了自行车共享和使用的效率，让一辆自行车的使用效率从 5 分钟提升到 76 分钟，提高了 16 倍，一辆自行车可以服务的人从 1 人变成了至少 10 人，提高了至少 10 倍。

推行 ofo 小黄车，提高了自行车使用效率，减少了城市资源浪费，为城市减少拥堵，帮助城市节约了更多空间，促进绿色低碳出行。并且，ofo 小黄车也做到了共享经济模式下的节能减排。

作为共享单车的原创者和领骑者，ofo 小黄车一度成为全球最大、估值最高的共享单车平台。

小黄车的融资过程，也是相对平坦的。

（1）2017 年 3 月 1 日，ofo 宣布获得 4.5 亿美元 D 轮融资，DST 领投，滴滴、中信产业基金、经纬中国、Coatue、Atomico、新华联集团等多家国内外机构跟投。

（2）4 月 22 日，ofo 获得蚂蚁金服战略投资，助力绿色出行和低碳生活，共同推进无现金社会建设。

（3）7 月 6 日，ofo 宣布完成超过 7 亿美元新一轮融资，创行业单笔融资最高纪录，融资总额行业第一。本轮融资由阿里巴巴、弘毅投资和中信产业基金联合领投，滴滴出行和 DST 持续跟投。

在融资后，ofo 小黄车身上体现了资本和科技的结合，小黄车的发展也是一飞冲天。

（1）8 月 17 日，ofo 小黄车在美国西雅图成功获得美国当地主管部门发放的运营许可，成为第一家在美国城市正式运营的中国共享单车企业。

（2）8 月 21 日，ofo 小黄车成为首家获得 Bikeplus 英国共享单车管理协会认证的无桩共享单车企业。

（3）ofo 小黄车与中国电信和华为共同研发的 NB-IoT（Narrow Band Internet of Things，窄带物联网）"物联网智能锁"开始正式应用到 ofo 小黄车上。这是全球首款"物联网智能锁"，也是 NB-IoT 物联网技术在移动场景的首次商用。

（4）8 月 22 日，ofo 小黄车宣布支持 NFC 近场支付功能。这是全球首款支持 NFC 近场支付功能的智能锁，用户可以通过支持该功能的智能硬件"秒开"小黄车。

（5）9 月 26 日，ofo 发布更好骑的共享单车"ofo 小黄蜂"，行业首次采用跑鞋胎。另外，全球最大的 ofo"奇点"大数据系统也首次公开亮相。

（6）10 月 20 日，共享单车的原创者和领骑者 ofo 小黄车最新宣布日订单突破 3200 万，再次刷新了共享单车行业日订单历史最高纪录，成为全球最大的共享出行平台。相比去年同期，ofo 日订单量增长远超 31 倍，也是共享单车行业增速最快的平台。

（7）2018 年 1 月 25 日，ofo 小黄车宣布入驻韩国釜山，这也是 ofo 进驻的全球第 21 个国家。

尽管在经营过程中，ofo 出现了退押金困难事件，以及大规模裁员，或许以后还会出现各种各样的危机，甚至有倒闭的可能。但是，其融资模式和经营理念仍然有许多可借鉴之处。

4.4　股权众筹融资

股权众筹是指公司面向普通投资者出让一定比例的股份，令投资者通过投资入资公司，以获得未来收益。股权众筹是基于互联网渠道进行融资的，客观地说，股权众筹与投资者在新股 IPO 时申购股票本质上并无太大区别，但在互联网金融领域，股权众筹主要指向较早期的私募股权投资，是天使和 VC 的有力补充。

4.4.1　初创企业寻求资金

对于那些有着优质项目、优秀团队，但是缺乏资金进行很好运作的创业企业来说，股权众筹是一种很好的融资方式。

股权众筹的优势，如图 4-13 所示。

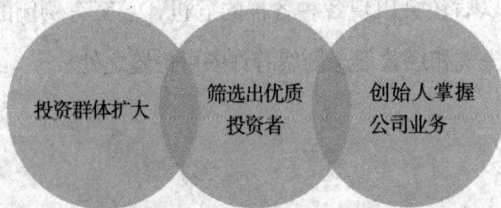

投资群体扩大　筛选出优质投资者　创始人掌握公司业务

图 4-13　初创企业用股权众筹模式融资的优势

第一，投资群体扩大。

通过股权众筹，企业创始人可以接触到范围很广的投资者群体，也因此有可能找到在特定行业具备专业素养、知识或技能的人。这类型的人才就如同企业创业初期的合伙人一样，和企业共同成长，在企业成长的每一个阶段，都能为企业做宣传、提意见，让企业往更良性的方向发展。

第二，筛选出优质投资者。

通过股权众筹融资模式，可以筛选出更多优质投资者，他们是创业道路上的小伙伴。他们或许因为某些原因不能实现创业，因而以投资的形式，托付创业者代替自己实现梦想。

第三，创始人掌握公司业务。

股权众筹的资金会被视为来源于同一个投资人而获得使用。在这种融资模式下，不会产生对公司有影响力的争议，创始人仍然掌握公司业务。

在实践中我们发现，股权众筹的融资，可通过扩大投资群体以实现企业良性发展，可检验那些投资的真正需求以筛选出优质投资者，可保持企业创始人权利不变以推进公司业务平稳发展。以上就是股权众筹对于创业型企业的重要作用。

4.4.2 股权众筹的基本内容

从投资者的角度来看，以股权众筹是否提供担保为依据，可将股权众筹分为无担保的股权众筹和有担保的股权众筹两大类。

所谓无担保的股权众筹，是指投资人在进行众筹投资的过程中，并没有第三方公司提供相关权益问题的担保责任。目前国内基本上都是无担保股权众筹。

而有担保的股权众筹，是指众筹项目在进行众筹的同时，有第三方公司提供相关权益的担保。这种模式目前国内尚未被多数平台接受。

而股权众筹的参与主体，主要包括筹资人、出资人和众筹平台3个组成部分，其中部分平台还有专门的托管人。

（1）筹资人：又称发起人，他们通过众筹平台发布企业或项目融资信息及可出让的股权比例。

（2）出资人：通常是数量庞大的互联网用户，他们利用互联网对创业企业或项目进行小额投资，等筹资成功后，出资人获得创业企业或项目一定比例的股权。

（3）众筹平台：是连接筹资人和出资人的媒介。其主要职责是利用网络技术支持，根据相关法律法规，将项目发起人的创意和融资需求信息发布在虚拟空间里，供投资人选择，并在筹资成功后负有一定的监督义务。

（4）托管人：为保证各出资人的资金安全、出资人资金切实用于创业企业或项目，以及筹资不成功的及时返回，众筹平台一般都会制定专门银行担任托管人，履行资金托管职责。

股权众筹一般运作流程大致如下：

（1）项目发起人向众筹平台提交项目策划或商业计划书，并设定拟筹资金额，以及可让渡的股权比例及筹款的截止日期。

（2）众筹平台审核筹资人提交的项目策划或商业计划书，审核的范围具体包括但不限于真实性、完整性、可执行性及投资价值。

（3）众筹平台审核通过后，在网络上发布相应的项目信息和融资信息。

（4）对该项目感兴趣的个人或团队，可以在目标期限内承诺或实际交付一定数量资金。

（5）目标期限截止，筹资成功的，出资人与筹资人签订相关协议，筹资不成功的，资金退回各出资人。

4.4.3　股权众筹的运营模式

根据我国特定的法律、法规和政策，股权众筹从运营模式方面来看可分为3大类，如图4-14所示。

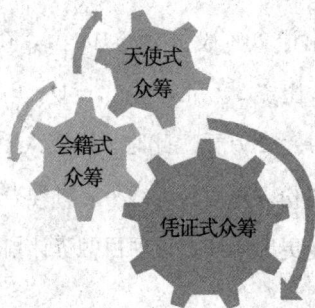

图4-14　股权众筹的运用模式

第一，凭证式众筹。

凭证式众筹主要是指在互联网通过买凭证和股权捆绑的形式来

进行募资，出资人付出资金取得相关凭证，该凭证又直接与创业企业或项目的股权挂钩，但投资者不成为股东。

第二，会籍式众筹。

会籍式众筹主要是指通过熟人介绍，出资人在互联网上投入资金后，成为被投资企业的股东。

例如，2012年的时候，3W咖啡通过微博招募原始股东，每个人10股，每股6000元，也就是一个人6万元。当时，很多人出资是为了结交更多人脉，进行业务交流，因而很快3W咖啡就汇集了一大帮知名投资人、创业者、企业高管等，股东阵容堪称华丽。

第三，天使式众筹。

天使式众筹类似于天使投资或VC的模式，指的是出资人通过互联网寻找投资企业或项目，付出资金或直接或间接成为该公司的股东，但同时，出资人有明确的财务回报要求。

例如，某个企业出让20%股份融资100万，在网站上发布相关信息后，A做领投人，出资5万元，B、C、D、E、F做跟投人，分别出资20、10、3、50、12万元。此时，出资人就按照各自出资比例占有创业公司20%股份，随后转为线下，办理有限合伙企业成立、投资协议签订、工商变更等手续，该项目融资计划就算胜利完成。

4.4.4　股权众筹法律风险和防范

股权众筹法律风险主要体现在两个方面，如图4-15所示（见下页）。

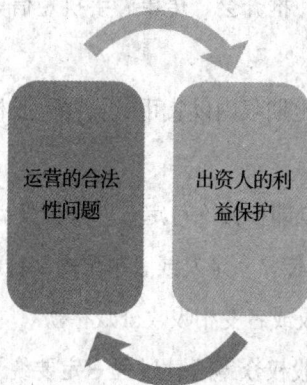

图 4-15　股权众筹法律风险

第一，运营的合法性问题。

股权众筹运行的合法性，主要是因为众筹平台运营中时常伴有非法吸收公众存款和非法发行证券的风险。具体来说，则是：

（1）非法吸收公众存款的风险。

股权众筹模式推出后，可能触及非法集资的红线，因而在实行中需要重点注意。

2010 年 12 月《最高人民法院关于审理非法集资刑事案件具体应用法律若干问题的解释》第一条规定：

"违反国家金融管理法律规定，向社会公众（包括单位和个人）吸收资金的行为，同时具备下列四个条件的，除刑法另有规定的以外，应当认定为刑法第一百七十六条规定的'非法吸收公众存款或者变相吸收公众存款'：

"（一）未经有关部门依法批准或者借用合法经营的形式吸收资金；

"（二）通过媒体、推介会、传单、手机短信等途径向社会公开宣传；

"（三）承诺在一定期限内以货币、实物、股权等方式还本付息或者给付回报；

"（四）向社会公众即社会不特定对象吸收资金。

"未向社会公开宣传，在亲友或者单位内部针对特定对象吸收资金的，不属于非法吸收或者变相吸收公众存款。"

根据这个规定，股权众筹运营过程一定要绕开判定为非法吸收公众存款行为的四个条件。事实上，就前两个条件而言，基本上是无法规避的。因为股权众筹运营在最初就是不被批准的。另外，股权众筹最大特征就是通过互联网进行筹资，这就等同于向社会公开宣传。

而针对所谓的"承诺在一定期限内以货币、实物、股权等方式还本付息或者给付回报"，在实践中，一种是不以股权作为回报，另一种是有股权回报，但不能对股权承诺固定回报。

针对前一种，可以采取线上转入线下的有限合伙的方式，或者将某一部分出资人所持有的股份，由特定某一个人代持。

而第二种观点，可以仿照私募股权基金募集资金时的做法，使用"预期收益率"的表达来阐述。

至于"针对向社会不特定对象吸收资金"，可以设置众筹平台投资人认证制度，给投资人设置一定的门槛和数量，借此把不特定对象变成特定对象。

（2）非法发行证券的风险。

我国《证券法》于 1998 年 12 月制定，历经 3 次修改，其中第十条规定：

"公开发行证券，必须符合法律、行政法规规定的条件，并依法报经国务院证券监督管理机构或者国务院授权的部门核准；未经依法核准，任何单位和个人不得公开发行证券。

有下列情形之一的，为公开发行：

"（一）向不特定对象发行证券的；

"（二）向特定对象发行证券累计超过二百人的；

"（三）法律、行政法规规定的其他发行行为。

"非公开发行证券，不得采用广告、公开劝诱和变相公开方式。"

根据这一法规，股权众筹显然不具备"公开发行必须符合法律、行政法规规定的条件"这一点。绝大多数众筹项目在众筹计划开始时，公司都没成立，更别提财务记录了，因而只能选择不公开发行。

而是否符合面向特定对象的不公开发行，实践中判断时大致采用两个标准：一是投资人的范围内；另一个是发行数额是否有上限。针对这两点，投资人的范围是否构成特定对象，这相对来说不是很好判断，但是在数量上要控制两百人。而发行数额是否有上限，是否有一个特定的数额，如果没有限制随时都可以增加，可能就会存在问题。

第二，出资人的利益保护。

在股权众筹模式中，出资人的利益分别涉及如图 4-16 所示（见下页）的几个方面。

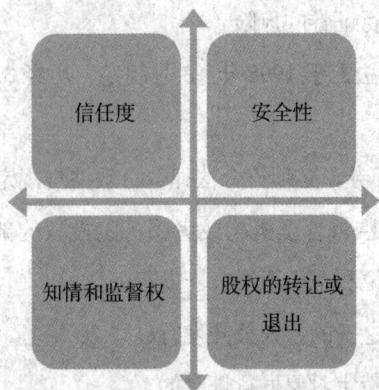

图4-16　股权众筹模式中的出资人利益

（1）信任度。

在众筹平台上，有限合伙模式中起主导作用的是领投人，而出资人基本都互不认识。如何建立起出资人对领投人，或者代持人的信任度是一个很关键的问题。

在实践中，通常会采用在众筹平台上，由天使投资人对某个项目进行领投，再由普通投资者跟投，领投人代表跟投人对项目进行投后管理，出席董事会，获得一定的利益分成。但是，这样的模式缺点也是很明显的。

一来，因为众筹平台上项目过多，难以找到很多知名天使投资人，而不知名的天使投资人，又很难获得出资人信任。二来，也是因为知名的投资者往往会参与到很多个投资项目中，一旦参与的众筹项目比较多，就很难照顾到每个项目的发展了。

另外，众筹模式中采用股份代持的，代持人通常是创业企业或项目的法人，其自身与创业企业的利益息息相关，出资人应当注意所签代持协议内容的完整性。

（2）安全性。

由于信息不对等，尽管筹资人和出资人之间属于公司和股东的关系，但是出资人显然处于信息弱势的地位，其权益极易受到损害。

一般众筹平台都会承诺在筹资人筹资失败后，确保资金返还给出资人，而且这类承诺都是建立在第三方银行托管或者其他类似的基础上的。但是，众筹平台一般都不会规定，当筹资人筹资成功但无法兑现对出资人承诺时，出资是否返还，以及对筹资人的惩罚机制问题。

（3）知情和监督权。

出资人作为投资股东，有权获得公司使用所筹资金的信息，也有权知晓公司运营状况，以及相关财务信息。但是，对于众筹平台来说，虽然有对资金运用监管的义务，但因投资主体的分散性及众筹平台自身条件的限制，很难完成对整个资金链运作的监管。

（4）股权的转让或退出。

众筹股东的退出机制主要通过回购和转让这两种方式。采用回购方式，原则上是公司自身不能进行回购，最好由公司的创始人或实际控制人进行回购；采用股权转让方式，原则上应当遵循公司法的相关规定。

另外，当公司创始人回购或者直接股权转让，如果是采用有限合伙企业或者股份代持模式，那么当出资人要转让或者退出时，为避免一些不必要的麻烦，涉及有限合伙份额的转让和代持份额的转让，最好能在投资前的有限合伙协议书或股份代持协议中作以明确约定；具体的受让价格，也要在出资入股时就约定清楚。

4.4.5 股权众筹融资规划的要点

为了最大限度发挥股权众筹的融资优势，企业在进行股权众筹之前就要制定合理、完整的筹资规划，主要包括如图 4-17 所示的这几点。

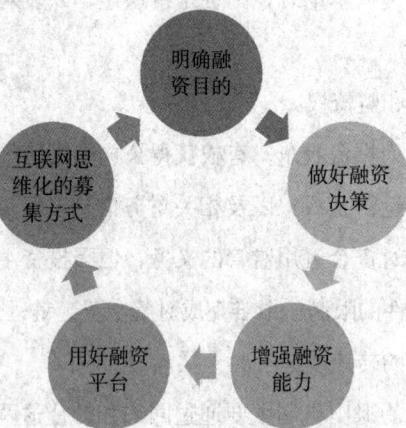

图 4-17 股权众筹融资规划的要点

第一，明确融资目的。

企业进行股权众筹融资就是为了实现盈利，而投资人也同样是为了盈利。在相同的利益驱使下，企业创始人希望能从投资人那里得到的有效帮助，不只是资金，还包括其他渠道资源，例如能在企业的创业过程中给出指导性意见，从而促进融资的成功。

事实上，企业各项融资所需成本由低到高的排列顺序为：财政

<商业<银行<债券<股权；而各项融资所承担的还本付息的风险由小到大的排列顺序为：股权<财政<商业<债券<银行。因而，采用股权融资，虽然在融资项目中投入成本最高，但是所要承担的财务风险却是最低的。所以只要想方设法压低股权融资成本，企业就能取得更高的效益。

第二，做好融资决策。

企业融资时的基本原则，需要根据自身实际情况，并在保证收益大于成本的前提下，确定融资规模大小。

企业的融资额度来源于两个部分：一部分是内部融资额；另一部分是外部融资额。在融资额度一定的情况下，提升内部融资额度，外部融资额度就会减少。

企业在做出融资决策时，要根据自身的环境现状及未来的经济形势，有效利用融资工具高效率融资。

第三，增强融资能力。

（1）明确项目的盈利能力。

明确创业项目的盈利预期，会增加投资者对项目的信任，从而提高企业融资效率、增强融资能力。

（2）提高企业的财务控制能力。

企业管理中最重要的一部分就是对财务的管理与控制。有效控制造成企业资金流转困难的状况发生，例如银行贷款被拒、到期的账单需要及时清付等，有利于提高企业持续健康发展。

（3）落实新产品设计。

企业产品顺利推向市场，需要在产品本身和客户群体两方面下功夫。

对于产品，不但要做好产品规划，还要对产品生产过程中可能遇到的风险进行分析，做好防范，从而保证新产品顺利推向市场。对于客户群体，企业要保持与客户之间的交流，及时解决客户提出的各种问题。

第四，用好融资平台。

股权众筹是基于互联网平台而进行融资的模式。企业在众筹时，不但需要选择好融资平台，例如对融资效率进行考察；还要确定该平台推出的一些规范标准，在其他平台是否也适用。

而企业利用股权众筹平台，完成融资的过程，基本上有以下几步：

第一步，利用平台上客户对产品的反馈进行考察，综合评价，确定初始客户，并搜集他们对新产品的反馈意见。

第二步，利用互联网平台，与本行业的专业人士进行探讨，主要包括产品的创意和创新价值、市场趋势、竞争策略等。通过研究，发现其中的问题，并努力解决问题。

第三步，积极采纳领投人及创业导师的意见和建议，不断完善产品的经营模式，降低商业风险，努力完成销售目标。

第四步，当投资人对产品满意，就会利用自己广泛的社会关系，向其他人推广，从而吸引更多的新客户来投资。

第五步，互联网思维化的募集方式。

互联网不仅为企业提供一个股权众筹的规范性平台，还代表了社会发展的趋势。企业和投资人不但可以通过该平台进行交流、还能听取领投人和专业人员的意见和建议，努力完善投资方案，促进项目股权增值。

4.4.6 股权众筹经典案例

随着互联网的发展，股权众筹也发展得如火如荼。从下面的案例中，我们或许能感受到股权众筹是如何帮助创业者圆梦，或者促进企业发展的。但是，股权众筹融资虽然能帮助企业解决一时的资金困难，如何促进企业发展，创业者还是要下更多工夫，才不辜负投资者的期望。

案例一：WiFi 万能钥匙，最多人参与的众筹。

2015 年 5 月 29 日，A 轮估值已达 10 亿美元、被誉为互联网"独角兽"的顶级企业 WiFi 万能钥匙，宣布在筹道股权平台上发起股权众筹。这是中国大型互联网公司通过众筹方式招募股东的第一单。

事实上，原本只属于投资机构的成熟期项目，以股权众筹的方式成功超募，说明了好项目在投资者心目中的地位。

案例二：罗振宇的融资。

2013 年，"罗辑思维"发布了付费会员制：（1）普通会员，会费 200 元；（2）铁杆会员，会费 1200 元。很显然，这是在当时"众筹"还没有成为清晰商业模式下的一场融资活动。不过，只是半天时间，这些会员指标就已经售罄，成功斩获了 160 万元。几个月后，"逻辑思维"又进行第二次社群招募，又轻松募集到 800 万元。

回顾作为众筹的产品"罗辑思维"的内容，其实是由专业的内容运营团队和热心"罗粉"共同确定的，用的是"知识众筹"。

案例三：乐视，开启了众筹营销的先河。

2014年，乐视网和众筹网发起世界杯互联网体育季活动，并上线首个众筹项目——"我签C罗你做主"。内容是在规定期限内，集齐1万人支持（每人投资1元），项目就宣告成功，乐视网就会签约C罗作为世界杯代言人。而到时，支持者也会成为乐视网的免费会员，并有机会参与一系列的后续活动。这可能是国内第一次用众筹方式邀请明星。

尽管乐视后期经营上出现了一些问题，但这次众筹的意义还是很重大的，其开创了企业利用众筹模式进行营销的先河，不但给签约C罗代言世界杯活动进行了预热，还拉动了世界杯的收视率，以及为正式签约C罗之后的活动积累到用户。

案例四：天使汇自众筹，突破国内融资记录。

2013年10月30日到2013年11月1日5时30分，为自己平台筹集资金的天使众筹平台天使汇，筹集到资金1000万，超过自己之前预定的融资目标500万整一倍。

4.5　掌握股权融资的五大原则

对于中小微企业来说，要想达到高效融资，在融资过程中，必须思考清楚下面的准则，如图 4-18 所示。

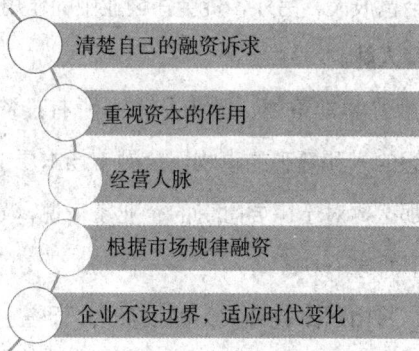

图 4-18　股权融资的五大原则

第一，清楚自己的融资诉求。

这指的是，需要知道企业融资的目的是什么。事实上，有的企业融资是为了钱，有的企业融资是为了让大企业为自己企业背书，还有的企业的股权融资是为了套现。不同的融资目的下，会有不同的融资要求。

167

有时候，融资并不是非要拿到钱不可。很多时候，融资时能和很多投资人交流，听取他们对于企业发展的质疑，或者是建议。这些内容综合下来，其实就是一个梳理企业发展战略的过程。

第二，重视资本的作用。

对于很多企业来说，融资能力是第一生产力。这是由于现在企业发展的风口期越来越短，而企业如果要抓住这段时间发展，充裕的资金是不可或缺的。

另外，越来越多的商业模式从线上转移到了线下，甚至很多都已经变成了人工智能和传统行业结合，在这种前提下，传统的东西需要消耗的资金也很大。另外，资金在创业中的作用越来越重要。

第三，经营人脉。

人脉对于融资非常重要，因为基本上所有投资人原则上都愿意投资自己熟悉的人和熟悉的事物。金融市场本质上就是一个讲信任度的市场。那么，对于需要融资的企业家来说，如何经营好人脉呢？可以参考下面这个方式。

在融资前，将中国比较有实力的投资人都研究一遍，包括他们投资的历程。如果可能，再将他们有困惑的地方也思考一下，如此这般，企业家在融资前就能想清楚这些问题，那么在和投资者交流的时候，就会产生思想上的碰撞。而这些，会给投资者留下很深的印象。

至于说这样的思考是不是很难，其实也未必。毕竟从投资者眼光看问题，和站在问题的外圈看问题，会是不一样的感觉。

第四，根据市场规律融资。

所谓根据市场规律融资，指的就是根据企业的发展，选择适合的投资人。例如，当企业还处于天使阶段，就去找 PE 阶段的投资者，这显然是不适合的。

为什么不适合呢？我们可以想象，假设某个企业，当时估值只是 1 个亿，却找了 50 亿规模的投资者。而针对只有 1 个亿价值的企业，投资者愿意投入的资本必然不会很多。虽然看起来，好像估值 1 个亿的企业能找到投资 50 个亿的投资者，感觉很厉害。但如果企业在下一轮融资中，该投资者并没有出手投资，那么整个投资市场就会对该企业产生一个疑问：为什么之前的投资者不投了？是因为企业发展不行吗？

因而一定要在适合的阶段，找适合的投资者。

第五，企业不设边界，适应时代变化。

当今社会变化太快，风口期越来越短。在变化已经成为常态的前提下，对于企业来说，根本不存在超长期的稳定护城河，自然，唯一不变的其实也就是变化了。

我们可以看到，很多企业都是在不断突破自己的边界。例如美团，最初是专业做团购的，但是后来，又发展了外卖，甚至和滴滴还展开了网约车的比拼。可见，现在的企业是没有边界的，大家都需要不断的跨越边界去寻找新的机会。

4.6 案例：股权融资必须要懂的 3 个问题

在引入投资人的过程中，如果对股权融资的一些细微处不予以足够的重视，企业家很容易丧失对企业的控制权。

案例分析：

王总是一家互联网企业的创始人，2014 年成立公司时，注册资本为 3000 万元，因为缺乏资金，公司注册资本全部采用认缴方式。

公司在 2017 年步入快车道，流水达到 20 亿以上，随着市场竞争愈演愈烈，2018 年，公司引入朋友介绍的一位实力雄厚的投资人。双方经过一系列的调查和谈判后，最终达成以下协议：

（1）投资人投资 5100 万元，占股 51%，朋友 A 出资 1900 万，占比 19%，企业创始人及其原创业团队占比 30%；

（2）企业创始人及其创业团队在公司分红之后，用分红款将原认缴义务补齐。

对于创始人来说，在拿到投资资金的同时，是否会因为股权占比过小而被踢出公司？要分析这个问题，可以从如图 4-19 所示（见下页）的几个要点着手。

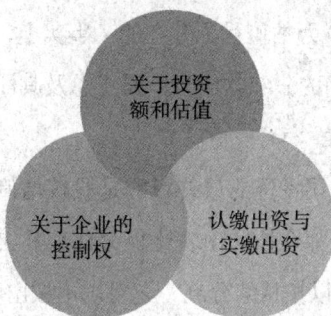

图 4-19　案例分析的要点

第一，关于投资额和估值。

估值分为投前估值和投后估值。投前估值指的就是投资人进入前，企业或者投资机构给予企业的投资价值评估；而投后估值 = 投资前估值 + 投资额，投资人获得的股权比例 = 投资额 / 投资后估值。

在这个案例中，企业创始人认为自己的企业值 1 个亿。但是，创始人对于自己的企业是投资前值 1 个亿，还是投资后值 1 个亿，并没有确定的认知。

事实上，如果企业是投资前估值 1 个亿，那么当投资方投资 5100 万，则投资方占比 5100/15100=34%。如果企业投资后估值 1 个亿，投资方投资 5100 万，则投资方占比 51%。虽然创始人和投资者经过沟通，双方都认为项目估值 1 个亿，但没说清楚是投资前的估值还是投资后的估值，因而这里的出入是非常大的。

第二，认缴出资与实缴出资。

根据双方商谈的结果，在合作过程中，创始人需要用分红款来回填当时需要认缴的出资款义务 3000 万。如果是这样，也就意味着创始人当时的 3000 万估值是不存在的。事实上，如果估值是存在的，那么公司的 30% 的分红款应当归属王总及其团队支配，不用再回填公司的认缴出资。

另外，股东对公司投资的最终目的是股权增值，或者是希望得到分红，但多数股东都会按照出资比例分红。其实，有限公司既可以按实缴分红，也可以按认缴分红，还可以不按出资比例进行分红。但不按出资比例进行分红的前提必须是全体股东一致同意，并写进章程。

第三，关于企业的控制权。

案例中，创始人和投资人商谈的股权比例，对创始人是极为不利的。创始人的股权比例太低，只有 30%，不足以拥有一票否决权。针对这种情况，要维持自己的控制权，在双方合同还没有签订的前提下，创始人可以从这几个方面为自己争取：

（1）创始人的表决权占绝对多数。

因为双方合作的公司是有限公司，按照《中华人民共和国公司法》第四十二条规定："股东会会议由股东按照出资比例行使表决权；但是，公司章程另有规定的除外。"创始人可以和投资股东约定：创始人及其团队的股份占比虽小，但表决权可以占绝对多数，从而控制公司的实际经营。

（2）创始人还可以提名董事会的多数成员。

如果公司设立董事会，根据《中华人民共和国公司法》第四十四条规定："有限责任公司设董事会，其成员为三人至十三人；但是，本法第五十条另有规定的除外。""董事会设董事长一人，可以设副董事长。董事长、副董事长的产生办法由公司章程规定。"

创始人可以和投资者约定，创始人提名董事会多数席位，同时创始人担任董事长，董事长任期届满，可以连选连任。

（3）创始人争取投资人表决权。

这是最为稳妥的方式。创始人争取让投资人将表决权委托给王总行使，这样更便于王总控制公司。

第五章　股权并购：
资产重组下的价值放大

在股权并购的实践中，很多投资者仅凭自己对目标公司的了解，以及个人感觉，就做出最终的决定，结果事与愿违。事实上，股权并购作为一项复杂的工程，成功与否既取决于前期对于目标公司状况的调查掌握，也取决于并购过程中各种法律保障手段的有效设置。

5.1 企业并购的目的

对于企业来说，在实行并购的时候，其目的不外乎下列这些，如图 5-1 所示。

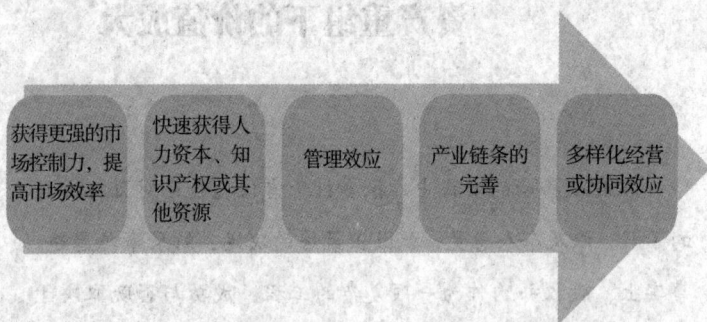

图 5-1 企业并购的目的

第一，获得更强的市场控制力，提高市场效率。

作为一个独立的法人实体，公司可以通过内在和外在的扩张，来实现其自身的成长。在实践中我们总结得知，如果完全通过内部积累，企业扩大规模需要更多的时间，就很可能错过风口的快速成长。最终，失去先机的公司会成为其他公司并购的对象。

在竞争中，公司通过外部扩张，可以快速实现自己规模扩大、市场控制力加强的目的。并购的方式，最常使用的是股权并购和资产并购。

其中，股权并购是指一家企业购买另一家企业的股权，以实现对被收购企业控制的交易。其财务支付手段，包括股权支付、非股权支付或两者的组合。

（1）股权支付：是指企业重组中购买、换取资产的一方支付的对价中，以本企业或其控股企业的股权、股份作为支付形式。

（2）非股权支付，是指以本企业的现金、银行存款、应收款项、本企业或其控股企业股权和股份以外的有价证券、存货、固定资产、其他资产以及承担债务等作为支付的形式。

在实践中我们发现，假设 A 有 100 万资本，但他通过投资 60 万可以控制 100 万的资本。而对于上市公司来说，由于股东分散，多数股东没有资格参加股东大会，因而大股东可以通过相对比较少的资本控制公司比较多的资本，这也可以认为是资本的典型循环。

而资产并购，是指一家企业购买另一家企业实质经营性资产的交易。其财务支付手段包括股权支付、非股权支付或两者的组合。

通常来说，资产并购中，并购方不仅收购对方的主要资产，他们考虑更多的还有收购实质性的附随权利或其他资产。例如，资产收购中包括的客户名单。在企业发展中，积累客户名单是一个长期的过程，通过这种资产收购的方式，可以达到快速获取客户和占领市场的目的。

因而通过收购，有利于收购方迅速缩短占领市场的时间，提高市场效率，占据市场主动地位。

第二，快速获得人力资本、知识产权或其他资源。

通过并购，企业可以快速获得人力资本、供应和销售渠道、知识产权或其他需要多年累积才能获得的资源。通过这些生产要素的组合，实现资源、资质互补，令并购方公司可以在市场上迅速占据优势地位。

商场如战场。占领先机后，公司可以迅速收购其他公司，获得更大更多的竞争优势。而且，在小公司一次性难以并购大公司的情况下，可以通过单项优质资产收购或单一优质资源的收购，逐步壮大自身。只要小公司的发展速度超过大公司，总有机会实现其主导地位。

第三，管理效应。

学术界认为，公司并购的动因在于优势和劣势企业之间在管理效率上的差别。也就是说，A 公司的管理层比 B 公司的管理层更有效率，那么 B 公司可以通过被 A 公司收购的途径，达到和 A 公司一样效率的管理水平。而这样做，不但能给 B 公司带来更好的效率，也会给社会带来福利增长。

由此来说，管理层的管理能力本身也是一种资源，这种资源，同样可以产生好的效应。

第四，产业链条的完善。

通过并购，可以完善产业链，稳固企业的优势地位。

第五，多样化经营或协同效应。

大部分情况下，公司并购另一公司，看中的是另一公司未来发展的潜力，其中包括公司在获得资金后，能获得的市场地位和效益。

例如一些比较大的化妆品公司，往往会收购小的化妆品公司。对于小公司而言，被收购后，他们能获得收购方的生产能力和渠道，从而获得更多的市场份额和收入。而对于收购方来说，当被收购方强大以后，收购方也能获得较多的现金资源，取得协同发展的效应。

在财务投资上，有一种组合投资，可以比较有效地规避风险。并购也是这样。很多情况下，产业组合也是一种有效地规避风险的方式，尤其是主业面临环境艰难的时候。可以说，过于集中主业，在主业亏损的时候，仍无新的战略调整，是很容易导致企业破产的。

5.2 企业并购对象的选择策略

并购目标企业的选择，是一个理智的、科学的分析过程。在实践中我们发现，并购企业的战略，以及并购目标必须符合并购企业发展战略的要求。并购失败，通常因为错误的战略依据、巨额支付、整合计划和执行不完善，或者并购后领导职能不足和糟糕的文化整合等。图5-2是企业并购对象的选择策略。

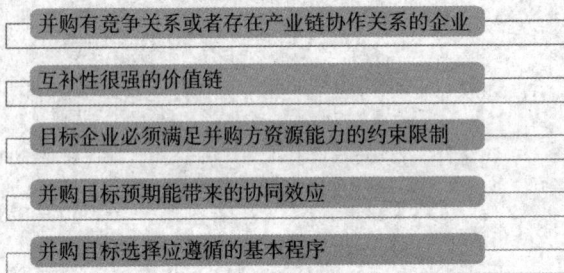

并购有竞争关系或者存在产业链协作关系的企业

互补性很强的价值链

目标企业必须满足并购方资源能力的约束限制

并购目标预期能带来的协同效应

并购目标选择应遵循的基本程序

图 5-2 企业并购对象的选择策略

第一，并购有竞争关系或者存在产业链协作关系的企业。

在并购中，不但要把位于产业链同一层次的企业作为潜在并购对象。还要注意，并购对象还可以选择和主要并购企业形成竞争关系的企业。而实施纵向一体化战略的企业，其并购对象往往选择与主并企业存在产业链上下游协作关系的企业。

第二，互补性很强的价值链。

并购企业双方价值链的互补性，是并购后企业竞争优势的主要来源。因而，在并购时，就要考虑到价值链的互补问题。为了提高企业的竞争优势，主并企业对并购对象的选择，需要以提升企业价值链的竞争能力为依据。

在实践中我们发现，企业的竞争优势主要来源于价值链上的各个价值活动本身和价值活动之间的联系。

因而企业为获得竞争优势，需要提高价值活动本身或者优化价值活动之间的联系。通常可以从以下几个方面入手：

（1）并购目标企业的价值链活动在横向上以互补性为优先选择。这是由于企业所创造的大部分价值，实际上来自于企业价值上的一些特定的价值活动，这些才是企业价值链上最有优势的部分。

（2）并购目标的价值链上的价值活动要有助于优化并购后的价值链之间的内部联系。

价值活动是提升竞争优势的基础，但价值链并不是简单的活动组合。事实上，价值活动是由价值链的内部联系链接起来的。因而并购对象的选择，需要通过彼此之间的优势和不足，寻找两个企业之间的价值链互补点，要做到优势互补，扬长避短。

第三，目标企业必须满足并购方资源能力的约束限制。

对收购方而言，能够并购目标企业，主要取决于自己的实力。其中，收购方的实力，包括人力、财力和物力等，是否能适应并购的需求；另一方面，收购方所有的核心资源，包括管理等，是否具有并购后整合关键资源的能力，就是达到企业并购后的协同效应。

之所以要将这部分内容提出来，是因为主并企业是否具有良好的并购管理能力，对并购目标选择有着深远的影响。

首先，随着并购交易活动的复杂性提高，收购方管理并购活动的能力，对选择目标有很大的影响。

通常来说，并购管理能力较强的企业会选择规模较大、综合实力较强的并购对象，并且不考虑地域分布等因素。因而对于收购方来说，培养自身的核心能力，组建具有丰富经验的团队，利用适当的工具等，能够有效利用合作伙伴都是关键性的成功因素。

其次，收购方的支付能力，对并购活动来说也是一个比较大的约束。如果目标价格高于公司所能承受的范围，收购可能性就不太大。因而支付能力对于并购活动而言，也是一个比较大的约束。

第四，并购目标预期能带来的协同效应。

协同效应是对并购对象进行价值评估和判断的重要依据。如果两公司合并后的价值大于合并之前两公司单独价值之和，则视为实现了协同效应。而协同效应的评断，可以从如图5-3所示（见下页）的4个方面衡量。

（1）收入协同效应。

指的是需要着重分析并购双方在客户、市场、渠道、产品等方面的资源共享和交叉销售带来的收入机会。

图 5-3　并购目标预期能带来的协同效应

（2）成本协同效应。

指的是在测算企业间并购整合的成本协同效应时，不只要识别通过规模经济所带来的成本节约，还要关注隐性成本系统效应，即并购双方通过相互的学习和知识传授所带来的"经验曲线"效应等。

（3）降低风险效应。

并购方在客户、资产、产品线及地理区域方面的差异，往往会引发分散经营的风险，但通过并购的方式能有效降低这种风险。

（4）融资效应。

并购所产生的融资效往往体现在企业资本结构的改善，以及通过财务状况的改善，继而带来并购目标绩效的改进。

第五，并购目标选择应遵循的基本程序。

并购目标的选择一般应遵循以下步骤：

（1）对并购企业进行外部环境的分析和判断，明确企业所处的经济周期、产业周期和产业结构、技术行业特征等。

（2）把握好并购企业自身所有的资源和能力，明确价值链基础上的资源和能力拥有状况。

（3）在外部环境分析、内部资源甄别的基础上，明晰公司发展战略，以提升公司核心竞争力为基础，制定公司的并购战略。

（4）对企业双方进行价值链互补性评估，主要包括对人力资源、技术、采购在内的支持活动以及生产、销售在内的基础活动的互补程度加以判断。

（5）在价值链互补分析的基础之上，从收入、成本、分散风险和融资效应4个方面对并购对象进行综合评价和选择。

5.3 企业并购模式

从本质上说，企业的并购活动是一种高风险投资活动，根本目标是实现企业价值最大化。现在企业并购规模越来越大，并购金额越来越高，在国际上企业并购甚至高达几百亿美元。比较常见的企业并购模式，是本节讲述的主要内容。

5.3.1 购买企业与购买企业财产

虽然企业并购通常被理解为企业的买卖，但在实际交易中，有两种不同的情况：一种最终交割的是企业；另一种最终交割的是企业资产。

事实上，收购企业和购买资产不仅在法律上是两个不同的概念，在财务、税务、操作程序中也有很大的区别。

如图 5-4 所示的是不同角度两者的区别。

图 5-4 购买企业和购买资产的不同认识

第一，法律角度。

从法律角度看，购买企业就是将企业或公司作为一个整体来购买。另外，购买的企业不仅是法人财产产权的转让，也是契约、责任的转让。而购买资产，只是包括企业的固定资产、工业产权、专有技术、经营许可、营销网点等。

在购买资产时，契约的转让需要认真检查。在收购过程中，如果某些企业在契约或者合同中处于劣势，很可能引发后续的纠纷，那么收购方就要考虑购买资产，而不是收购企业。对于收购方来说，购买资产后重新注册一家公司即可有效规避与原公司相关的法律诉讼。

第二，税务角度。

购买企业与购买资产的主要差别在印花税和所得税上。购买企业，原则上可享受原来的累计亏损，以之冲减利润，减少现期所得税支出。不过，如果所购买的企业需要保留法人地位，那么其累计亏损要用以后的经营利润抵补，不能用收购企业的利润抵补，从这点来说，所得税方面的好处不能在现期实现。

第三，流动资产。

购买企业通常也包括流动资产，如账款、库存、产成品、原料等。购买资产则不包括流动资产。但是，很多资产与生产过程密不可分，因而通常采取买卖双方签订委托代理协议，由买方代卖方处理生产方面的事宜。

5.3.2　购买股份

通过购买股份兼并企业，收购方既可以从股东手中购买股份，也可以通过购买企业新发行的股份来获得股权，但两种购买结构对收购方有不同的影响：购买股份可以只控股权，也可以全向收购；购买新股只能买到控股权而不能全向收购。

对于收购方来说，同样是收购控股权，通过购买新股比购买现股东卖出的股份要多花一倍的钱。

但是对购买方来说，收购新股其资金是进入企业，并且任由自己控制和使用。而购买企业原股东手中的股份，则收购方的资金进入股东手中。由于这两者的区别，购买原股东手中的股份容易被企业大股东接受，而购买新股，则受到企业小股东和股市的欢迎。

购买股份的一种特殊形式是吸收兼并。所谓吸收兼并是指被兼并企业以净资产作为股金投入买方，原企业以"壳"公司的形式存在并成为买方的股东。

5.3.3　购买部分股份加期权

收购者在并购过程中，往往会对并购企业的某些方面特别不满意，或者认为，这些问题的存在会导致以后的业务整合难以实现。这些问题包括但不仅限于管理人员的水平、产品的市场前景、区域性经济环境等。针对这些问题，特别是当收购方初次进入某个领域，对行情还没有摸清楚之前，如果贸然并购，会导致巨大风险。

解决这类问题，可以采用购买部分股权加期权的方式。具体做法是在与卖方签订购买部分股份协议的同时，订立购买期权的合约。合约里要明确数量、价格、有效期、实施条件等。

虽然这种结构，让买方不能拿到控制权，已经购买的股权也无法在短期内套现，但是毕竟规避了更大的风险。

与买方期权相对，卖方期权的控制主动权是在卖方。也就是说，当卖方要实施期权时，买方只能接受。尽管此种安排对卖方有利，但若买方认为购并成功，可以让自己获得更多利益，那么也可以考虑这种结构。

在并购交易中，如果买卖双方实力相当，单纯的买方期权或卖方期权难以达成交易，这时可以考虑选用混合结构。在这种结构下，双方均可以要求实施期权，当实际条件不能同时满足双方约定的条件时，通常会在期权价格中寻找利益平衡点。

5.3.4　购买可转换债券

可转换债券具有债权和期权的双重特性，也兼有债券和股票的特征，如图5-5所示（见下页）。

（1）债权性。投资者可以根据可转换债券规定的利率和期限，选择持有债券到期，收取本息。

（2）股权性。可转换债券在转换成股票之后，原债券持有人就变成了公司的股东，可参与企业的经营决策和红利分配，在一定程度上会影响公司的股本结构。

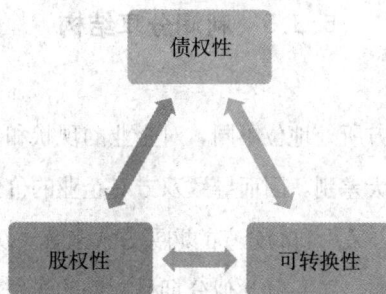

图 5-5　可转换债券的特征

（3）可转换性。可转换债券的重要标志是可转换性。债券持有人可以按约定的条件把债券转换成股票。

债券持有人可按照发行时约定的价格把债券转换成公司的普通股票，也可以继续持有债券，直到偿还期满时收取本金和利息，或者在流通市场出售变现。

但如果持有人看好发债公司股票的增值潜力，在宽限期之后可以行使转换权，按照预定转换价格把债券转换成股票，发债公司不得拒绝。正因为具有可转换性，可转换债券利率一般低于普通公司债券利率，企业发行可转换债券可以降低筹资成本。同时，可转换债券持有人还享有在一定条件下把债券回售给发行人的权利，发行人在一定条件下拥有强制赎回债券的权利。

可转换债券具有双重选择权的特征。一方面，投资者可自行选择是否转股；另一方面，转债发行人拥有是否实施赎回条款的选择权。从这两方面来说，可转换债券兼备了债券的相对安全性和股票的投机性。而对于企业来说，通过大量购买一家公司发行的可转换债券来实施并购是一种较为保守的做法。

5.3.5 利润分享结构

由于买卖双方所处地位不同，对企业的现状和未来做出的评价与判断会存在很大差别。因而导致双方对企业的价值认定有比较大的分歧。这时可以采用利润分享的购买方式来解决双方的矛盾。

所谓利润分享，是一种类似分期付款的购买结构。这种购买结构是，双方对于无异议的基础价格达成共识，并于成交时先支付这部分款项。剩余的部分，因为彼此对这部分价格没有达成统一，可以采用与实际经营业绩挂钩、分期付款的方式。

不过，这部分资金的计算基础要事先界定清楚，并写入合同中。一般而言，不宜采取以税后利润作为基数。这是因为购并交易后企业资本结构、资本状况，乃至固定资产折旧计提基数、方式都发生了变化，相应地税后利润也会有很大变动。

5.3.6 资本性融资租赁结构

所谓资本性融资租赁结构是由银行或其他投资人出资购买目标企业的资产，然后出资人作为租赁方把资产出让给真正的投资者，投资人作为承租方负责经营，并以租赁费形式偿还租金。

从法律层面来说，在租金及残值全部偿还之前，租赁方是资产的所有者。直到租赁过程结束，承租方才能成为资产所有者。但事实上，承租方从一开始就是资产的实际拥有者，并拟成为最终所有者，甚至租赁方也清楚地知道这一点。

采用这种租赁结构的好处是，对于真正的投资者，可能在当时并不具备一笔支付全部资产价格的能力。另一方面，也是最重要的，是希望能从这种结构安排中，得到税务方面的好处。租赁费于税前支付可计入成本，这相当于税前归还贷款本金，投资人无疑可从中获得很大利益。

5.3.7　承担债务模式

承担债务式的购买结构，其做法是在目标企业资产与债务等价情况下，买方承担目标企业债务，同时卖方全部资产转入买方，法人主体消失。

这种购买结构就其本质而言是零价购买企业，其设计的初衷是保障债权人利益，从现实看，这种结构对买方而言可能存在巨大利益差别。

（1）若企业设立时资本充足，只是因为经营不善而导致资不抵债，那么当买方以承担债务模式的方式购买企业，其所支付的价格，可能远高于企业的真实价值。

（2）若企业原有资本不足，最初都是靠银行贷款，也就是说，企业早就处于负债经营中，在这种情况下，当其现金流量不足以支付利息时，企业将陷入破产境地。若按自有成本或市价法评估，企业资产价值可能远远大于其债务额，此时以承担债务方式收购，买方获利很大。

5.3.8　债券转股权模式

所谓债券转股权模式，指的是当企业无力偿还债务时，最大债权人可将债权转为对企业的投资，获得企业的股权，从而取得企业的控制权。这种方式的好处是，既处理了债务链，又充实了企业自有资本，增强管理力量，令企业走出困境。

在实际操作中，由于企业之间三角债务的日益加重，债权转股权已成为现阶段我国企业较常见的一种并购方式。对于收购方来说，当下游企业或者企业无力支付上游企业、供货企业的大量货款时，以债券转股权的方式控制下游企业，便成为纵向兼并较便捷的途径。但是，当企业严重资不抵债时，以 1 : 1 的比例将债权转股权，就令债权人损失很大利益。

由于债权转股权多数是迫不得已而选择的并购方式，因而成交价格并不是以评估后的企业实际价值为准，而是以债务的多少为标准的。因此买卖双方可能获利，也可能遭受损失。

承担债务模式和债权转股权模式都属于特定经济环境下的企业购买结构，从发展趋势看，它们将逐步让位于更规范、更合乎市场经济要求的购买结构。

5.4　企业并购估值

"估值"是公司收购的核心话题，通过数轮谈判、尽职调查，再到最终的收购协议签订，这一系列的流程走下来，最终确定企业的并购估值。虽然在并购估值时，会使用成本法、市场法等财务方法，用模型来计算出一个公司的并购对价。但是除了基于理性思维上的衡量外，还有一些关乎并购双方心理上的估值评定。

5.4.1　并购估值的要点

企业并购时，对企业家而言，最关心的莫过于企业估值了。企业并购估值时的要点有 4 个，如图 5-6 所示。

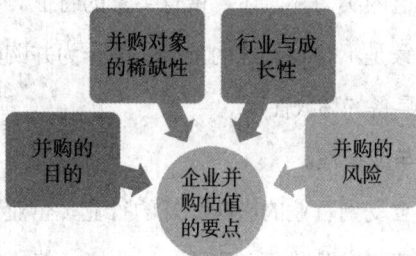

图 5-6　企业并购估值的要点

第一，并购的目的。

并购的目的，决定了估值的起点。之所以这样说，是因为并购作为买卖，其价格高低，取决于并购双方的商业目的。如果卖家急售或买家急购，那么双方在谈判的时候就是不对等的。一旦被对方觉察到自己的意图，就会失去谈判的控制力。例如，一家企业其实已经失去自我输血的能力，那么它一定希望在自己倒闭前卖个好价钱。而一家业务很好的企业，如果为了一张牌照或者一个合格的生产场地寻求并购，那么企业一定不会很在意收购的价格空间。因而对于企业并购来说，并购价格的高低，源于并购双方的商业目的，这里面包含了为什么买、为什么卖，也包含了急不急买、急不急卖。

第二，并购对象的稀缺性。

指的很可能是一张牌照、一个环保许可、一条独特的生产线等等。在这种情况下，买家的议价空间就会减小。

除了被并购企业自身在市场中的稀缺性以外，还有可能指的是收购方的稀缺性。就好比对于 A 买家而言，这家企业完全不匹配，但是对于 B 买家来说，却是相见恨晚。因而在并购时，如果是收购方，除了体现自己的实力外，还要留意买家的特征。看看自己对于某一个特定的买家是不是有特殊的价值，而作为并购的买家，一定要考虑企业是否具备"稀缺性"。

第三，行业与成长性。

企业的价值会受到行业的影响。好的行业，企业不缺钱，购买方有更多的资金来做这件事情；而且，行业好，整体的市场估值也不会低，收购方未来也有更大的运作空间。因此，在并购时需要很好地定位自己的细分领域和行业范围，这直接影响到估值。

同时，当买家收购的是一家相对成熟的企业，则法律风险会明显低于初创。但缺点是企业收过来后的发展空间，可能就没有初创企业那么大了。当然，企业的成长性，是不能从并购发生时的现状判断的，而是要看未来。因此，一家目前看起来经营不够理想的企业，很可能注入新鲜血液后，或者是外部整合后，能爆发出意想不到的发展潜力，当然并购后也可能一蹶不振，甚至拖累买家企业。因而，作为收购方，挑战是非常大的，不但需要从未来2-3年的、发展的角度看并购，还要用靠谱的逻辑来判断企业的价值。

第四，并购的风险。

并购是高风险的商业活动，无论对于买方还是卖方，风险跟企业转型相当。成功的并购不只是价格，还在于并购后双方商业目的是否能实现。这对于收购方而言更是如此。事实上，并购的成功并不只是在于价格，而是在于并购后，双方商业目的是否能够实现。

5.4.2　并购估值的难度

并购双方在谈判中最容易出现意见不统一的，是关于公司估值。造成分歧的原因既有信息不对称、利益冲突等因素，也有估值逻辑的差异。

事实上，从前期谈判到尽职调查，再到最终的收购协议签订，并购双方最关注的，就是这个企业到底值多少钱。

有过这样的案例，上市公司和标的公司的实际控制人，已经将并购交易的事情谈得差不多了，眼看就要签字，这时评估公司说，评估值和交易的价格差距太大。于是，上市公司怕自己吃亏，决定再给标的公司半年的成长期，等标的公司业绩增长了再启动并购。然而，没几个月工夫，标的公司就已经被别的上市公司收购了。

估值定价往往是和标的企业的业绩进行对赌的，如果标的企业业绩没有达标，那么，买卖双方在这场交易中都输了。

但是，如果估值不够客观，导致并购失败，而事实证明标的企业其实是有交易价值的，那么这对于收购方来说，也是很大的损失。

对企业进行估值，除了模型计算，在实际操作中，还要重视相关政策发布的指引和指导意见。

分别对比中国证券投资基金业协会出台的《私募投资基金非上市股权投资估值指引（试行）》和中国资产评估协会于 2018 年 1 月 19 日发布的《企业并购投资价值评估指导意见》（征求意见稿），总结出会对企业并购估值产生较大影响的部分内容。

《私募投资基金非上市股权投资估值指引（试行）》	《企业并购投资价值评估指导意见》（征求意见稿）
	第三条〔投资价值定义〕本指导意见所称投资价值，是指并购标的资产，在明确的投资并购参与者基于特定目的、充分考虑协同效应和投资回报水平的情况下，在评估基准日的价值估计数额。

	同时满足并购标的资产、明确的投资并购参与者、特定目的、协同效应、投资回报水平、评估基准日、以货币单位表示、价值估计数额等八个要素的评估结论，方可定义为投资价值评估结论。
对于已在全国中小企业股份转让系统挂牌但交易不活跃的企业，其股权估值参考本指引执行。（也就是说，交易活跃的，本条规内容不适合）	
	第十四条〔评估依据—并购方案〕资产评估专业人员应当知晓投资价值的独特性，即不同的并购者、同一并购者不同的并购方案，对同一并购标的在同一评估基准日的评估价值判断可能不同；投资价值评估结论与并购方案存在直接对应关系。 　　资产评估专业人员应当尽可能取得并购方案（或者企业并购可行性研究报告或者类似报告）作为评估依据，并完整、准确地利用其确定相关评估事项和评估参数。

第十五条〔明确业务类型、评估目的〕资产评估专业人员执行企业并购投资价值评估业务，应当依据并购方案、并购类型或方式、并购实施阶段等，明确具体的评估目的。

常见的评估目的如下：

（一）竞争性并购，非约束性报价阶段，为并购方委托人的意向性报价提供参考建议；或者为被并购方委托人提供出售底价参考建议。

（二）竞争性并购，签署约束性协议、提出约束性报价阶段，为并购方委托人最终报价提供价格参考建议；或者为被并购方委托人提供意向价格参考建议。

（三）竞争性并购，并购定价谈判阶段，为并购方委托人或者被并购方委托人价格谈判提供价格参考建议。

（四）并购谈判中，为并购方委托人价格谈判提供底价；或者为被并购方委托人价格谈判提供参考建议。

（五）协议定价中，为并购方委托人或者被并购方委托人价格谈判提供参考建议。

第十九条〔评估假设〕投资价值评估中的重要假设是按并购方案完成并购且整合后持续经营，包括新会计主体、法律主体的形成。

资产评估专业人员执行企业并购投资价值评估业务，应当与委托人就其提出的假设的合理性进行充分沟通。

（一）收益法和市场法评估企业股权的假设：一是假设投资并购按照并购方案完成，且持续经营；二是假设各种协同效应在并购方案拟定的整合措施下按预定时间发挥作用。

（二）资产基础法评估企业股权的假设：假设企业将继续经营且资产价值"在使用中"；涉及吸收合并的企业并购，假设标的公司经营将停止，并且清算；或者假设标的公司继续经营且资产价值"在使用中"。

（一）市场法

在估计非上市股权的公允价值时，通常使用的市场法包括参考最近融资价格法、市场乘数法、行业指标法。

第三十三条〔市场法的应用—方法选择〕采用市场法进行投资价值评估，应当根据并购整合后公司的情况，选择与并购整合后企业进行比较分析的可比企业或者交易案例。

第三十四条〔市场法的应用—可比公司和交易案例选择〕选择可比企业或者交易案例，应当考虑下列因素：

（一）业务结构、经营模式、企业规模、资产配置和使用情况；

（二）企业所处经营阶段、成长性、经营风险、财务风险。

第三十五条〔价值比率的确定〕采用市场法进行投资价值评估，一般以评估对象价值作为分子，由与评估对象相关的财务或者非财务指标作为分母，构建价值比率。应当综合考虑投资并购阶段及其对评估的需要、资料的取得等情况，结合应用非财务价值比率与财务价值比率。

第三十六条〔市场法应用—价值比率确定〕价值比率的分母应当是并购整合后公司的指标，应当考虑企业并购后并购对方给新产权主体带来的收益贡献等。

第三十七条〔市场法应用—价值比率应用〕股权价值评估，价值比率的分子采用股权价值，分母应当考虑协同效应、投资偏好等因素、反应股权价值的财务指标和非财务特征参数。如

	市盈率分子是每股价格（即股权价值），而分母是考虑协同效应、投资偏好等因素的每股盈利。
1. 参考最近融资价格法 由于初创企业通常尚未产生稳定的收入或利润，但融资活动一般比较频繁。因此，参考最近融资价格法在此类企业的估值中应用较多。 2. 市场乘数法 市场乘数法通常在被投资企业相对成熟，可产生持续的利润或收入的情况下使用。 3. 行业指标法 行业指标法通常只在有限的情况下运用，此方法一般被用于检验其他估值法得出的估值结论是否相对合理，而不作为主要的估值方法单独运用。 并非所有行业的被投资企业都适用行业指标法，通常在行业发展比较成熟及行业内各企业差别较小的情况下，行业指标才更具代表意义。	

（二）收益法

在估计非上市股权的公允价值时，通常使用的收益法为现金流折现法。

基金管理人在确定此方法采用的财务预测、预测期后终值以及经过合理风险调整的折现率时，需要大量的主观判断，折现结果对上述输入值的变化较为敏感，因此，现金流折现法的结果易受各种因素干扰。特别是当被投资企业处于初创、持续亏损、战略转型、扭亏为盈、财务困境等阶段时，基金管理人通常难以对被投资企业的现金流进行可靠预测，应当谨慎评估运用现金流折现法的估值风险。

第二十二条〔收益法的应用—方法选择〕资产评估专业人员执行企业并购投资价值评估业务，应当充分考虑并购阶段对资产评估的需要，并购及整合方案下标的资产未来收益可预测情况，恰当考虑收益法的适用性。

第二十三条〔收益法的应用—预测角度1〕采用收益法评估投资价值，应当依据投资并购方案拟定的并购整合后公司未来的经营模式、资本结构，进行收益指标预测、测算。

第二十四条〔收益法的应用—预测角度2〕采用收益法评估投资价值，应当考虑并购方给标的资产带来的特别贡献，或者并购双方各种资源重新整合形成的运营价值贡献；对预期收益的预测，应当以增量资产为出发点，反映的是并购后持续生产经营前提下的未来收益。

第二十五条〔收益法的应用—模型选择〕投资价值评估收益法常用的收益指标为现金流量，具体评估方法为现金流量折现法。资产评估专业人员应当根据标的资产所处行业、经营模式、资本结构、发展趋势等，恰当选择现金流折现模型。

第二十六条〔收益法的应用——收益预测形成〕资产评估专业人员应当就委托人提供的未来收益预测资料，与委托人讨论未来各种可能性，结合并购整合后人力资源、技术水平、资本结构、经营状况、发展趋势，考虑宏观经济因素、整合后的标的资产所在行业现状与发展前景，分析未来收益预测资料与评估目的及评估假设的适用性。

资产专业人员应当关注未来收益预测中经营管理、业务架构、主营业务收入、毛利率、营运资金、资本性支出等主要参数与并购方案及整合措施的一致性。

第二十七条〔收益法应用——评估参数确定1〕投资价值评估参数确定，应当以明确的投资并购方案为基础。

第二十八条〔收益法应用——评估参数确定2〕投资价值评估参数，应当以明确的协同效应类型、协同效应发挥作用的时间为依据确定，确定的评估参数应当与具体协同效应类型对应。

第二十九条〔收益法应用——评估参数确定〕协同效应和投资回报水平的确定，除考虑投资者自身禀赋条件的特殊性或者其交易目的特殊性外，在切实可行、具有一定依据和理由的前提下，还应当考虑投资者自身的个性化和主观化判断。

第三十条〔收益法应用——预测期的确定〕确定预测期时，除考虑营运资金变动、资本追加，以及各种法定因素和资源因素外，还需要考虑各种协同效应发挥作用的时间。

（一）预测期应涵盖并购整合期。

（二）预测期应涵盖并购产生的所有协同效应实现的时间。

（三）不同的协同效应实现的时间不同，预测期自然不同。

（四）标的公司收益来源于正在投资建设、研发的项目，应当考虑企业投资项目投产、达产的时间；考虑研发项目投产并达到生产销售产品的时间。

第三十一条〔收益法应用——折现率确定〕确定折现率，应当综合考虑评估基准日的利率水平、投资回报水平、并购后标的资产的资本结构等信息，以及并购方投资偏好等因素。

	第三十二条〔收益法应用——终值确定〕资产评估专业人员应当根据并购整合后企业进入稳定期的因素分析预测期后的收益趋势、终止经营后的处置方式等，选择恰当的方法估算预测期后的价值。
（三）成本法 在估计非上市股权的公允价值时，通常使用的成本法为净资产法。 净资产法适用于企业的价值主要来源于其占有资产的情况，如重资产型的企业或者投资控股企业。此外，此方法也可以用于经营情况不佳，可能面临清算的被投资企业。	第三十八条〔资产基础法应用——评估范围〕采用资产基础法进行投资价值评估，应当明确并购交易资产边界或者并购价格支付对应的资产边界，即评估范围。投资价值评估结论应当反映投资并购交易资产范围。 第三十九条〔资产基础法应用——评估范围〕采用资产基础法进行投资价值评估，对于买卖双方不准备纳入交易价格中的非经营性资产或者超额或者冗余资产等，应当明确，并在评估委托合同中予以约定。
	第四十条〔资产基础法——评估范围〕采用资产基础法进行投资价值评估，并购后可能带来的因税收、员工索赔、环保义务或者其他监管问题等经济法律事项产生的或有

负债对评估结论产生的影响，在切实可行的情况下，评估专业人员应该与管理层及法律顾问讨论，对这些或有负债进行估计和量化。

第四十一条〔资产基础法的应用〕采用资产基础法进行投资价值评估，对各单项资产采用相应评估方法评估时，应当考虑企业并购整合后，可能涉及新的运营模式、新的产品（服务）类型，甚至新的核算方式对资产价值的影响，恰当选取评估参数。

第四十二条〔各种评估方法的综合〕企业并购工作初期，在评估资料收集有限等条件下，采用市场法、资产基础法可以估算标的企业独立市场价值，即投资价值的最低值；企业并购工作定价决策谈判阶段，市场法和资产基础法可以作为收益法的辅助方法。

第四十三条〔其他分析工具〕资产评估专业人员执行企业并购投资价值评估业务，可以采用一些分析方法或者工具，作为确定评估结论过程中的分析手段。如退出倍数法、财务净现值法、实物期权法、情景分析法、敏感性分析法等。

从这一系列的对比我们可以发现，公司并购的估值，比股权投资时的 VC、PE 阶段要更为复杂。

5.4.3　企业并购估值的核心方法

企业价值评估是一项综合性的资产、权益评估，目前国际上通行的评估方法主要分为收益法、成本法和市场法三大类。

	收益法	成本法	市场法
概念	指通过将被评估企业预期收益资本化或折现至某特定日期，以确定评估对象价值。	在目标企业资产负债表的基础上，通过合理评估企业各项资产价值和负债，从而确定评估对象价值。	将评估对象与可参考企业或者在市场上已有交易案例的企业、股东权益、证券等权益性资产进行对比，以确定评估对象价值。
阐述	理论基础是经济学原理中的贴现理论，即一项资产的价值是利用它所能获取的未来收益的现值，其折现率反映了投资该项资产并获得收益的风险的回报率。	理论基础在于任何一个理性的人对某项资产的支付价格将不会高于重置或者购买相同用途替代品的价格。主要方法为重置成本（成本加和）法。	其应用前提是，假设在一个完全市场上，相似的资产一定会有相似的价格。市场法中常用的方法是参考企业比较法、并购案例比较法和市盈率法。

而企业价值评估的核心方法，有如图 5-7 所示（见下页）的几种。

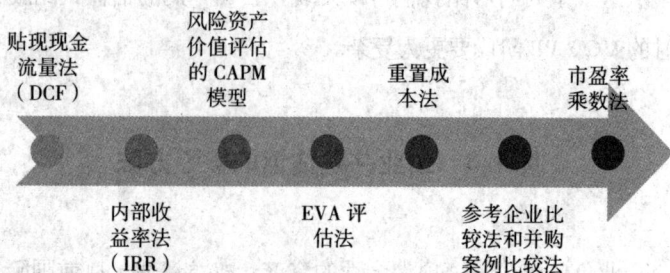

图 5-7 企业价值评估的核心方法

第一，贴现现金流量法（DCF）。

企业资产创造的现金流量也称自由现金流，是在一段时间内，以资产为基础的营业活动或者投资活动创造的。由于未来时期的现金流有时间价值，因而在考虑远期现金流入和流出的时候，要将其潜在的时间价值剔除，采用适当的贴现率进行折现。

贴现现金流量法的关键，在于要确定未来现金流和贴现率。使用这个方法的前提是企业的持续经营和未来现金流的可预测性。而这个方法的局限性也很明显，比如，只能估算已经公开的投资机会，和现有业务未来的增长所能产生的现金流的价值。

第二，内部收益率法（IRR）。

内部收益率的基本原理是试图找出一个数值概括出企业投资的特性。它具有贴现现金流量法的一部分特征，在实务中经常被用来代替贴现现金流量法。内部收益率本身不受资本市场利息率的影响，完全取决于企业的现金流量，反映了企业内部所固有的特性。

在面对投资型企业和融资型企业时，当内部收益率大于贴现率时，企业适合投资；当内部收益率小于贴现率时，企业不值得投资。

资型企业则相反。

总体来说，内部收益率法更多地应用于单个项目投资。

第三，风险资产价值评估的 CAPM 模型。

CAPM 模型，即资本资产定价模型，最初的目的是为了对风险资产（如股票）进行估价。股票的获利，在很大程度上取决于购进股票后获得收益的风险程度。其性质类似于风险投资，二者都是将未来收益按照风险报酬率进行折现。因此，CAPM 模型在对股票估价的同时也可以用来决定风险投资项目的贴现率。该方法的本质在于研究单项资产跟市场整体之间的相关性。

第四，EVA 评估法。

EVA 是近年来在国外比较流行的用于评价企业经营管理状况和管理绩效的重要指标，将 EVA 的核心思想引入价值评估领域，可以用于评估企业价值。

在基于 EVA 的企业价值评估方法中，企业价值等于投资资本加上未来年份 EVA 的现值，即：企业价值 = 投资资本 + 预期 EVA 的现值。

根据斯腾·斯特的解释，EVA 是指企业资本收益与资本机会成本之间的差额。即：EVA = 税后营业净利润 − 资本总成本 = 投资资本 ×（投资资本回报率 − 加权平均资本成本率）。

EVA 评估法不仅考虑到企业的资本盈利能力，同时深入洞察企业资本应用的机会成本。

第五，重置成本法。

重置成本法是在对各项资产清查核实的基础上，逐一对各项可确认资产进行评估,并确认企业是否存在商誉或经济性损耗,将各单项可确认资产评估值加总后再加上企业的商誉或减去经济性损耗,就可以得到企业价值的评估值,即:企业整体资产价值 = Σ单项可确认资产评估值 + 商誉(或 - 经济性损耗)。

重置成本法最基本的原理类似于等式 1+1=2,认为企业价值就是各个单项资产的简单加总。因此该方法的一个重大缺陷是忽略了不同资产之间的协同效应和规模效应。在企业经营的过程中,往往是 1+1>2,企业的整体价值是要大于单项资产评估值的加总的。

第六,参考企业比较法和并购案例比较法。

通过对比与被评估企业处于同一或类似行业和地位的标杆对象,参考企业比较法和并购案例比较法,获取其财务和经营数据进行分析,乘以适当的价值比率或经济指标,从而得出评估对象价值。

但是在现实中,很难找到标杆对象。因此,参考企业比较法和并购案例比较法一般都会按照多重维度对企业价值表现的不同方面进行拆分,并根据每一部分与整体价值的相关性强弱确定权重。

第七,市盈率乘数法。

市盈率乘数法是专门针对上市公司进行价值评估的,即:被评估企业股票价格 = 同类型公司平均市盈率 × 被评估企业股票每股收益。

5.5　股权并购隐藏的9大法律风险

在股权并购中，投资者除了依靠自身判断决策外，还应当充分重视专业法律机构与专业资本律师的作用与价值。

在实践中，总结了如下9大法律风险。

第一，拟并购股权本身存在权利瑕疵。

并购对象出让的股权，如果存在权利瑕疵，将导致并购交易出现本质上的风险。通常情况下，收购方会对出让方让出的股权做一定的调查核实，包括通过对工商档案记录的内容对出让股权进行查询、通过对标的公司的内部文件查阅，以及向公司其他股东、高管调查等各种手段予以核实，通过这些调查，最大限度获知真相。

第二，出让方的原始出资行为存在瑕疵。

根据《中华人民共和国公司法》以及《最高人民法院关于适用〈中华人民共和国公司法〉若干问题的规定（三）》的相关规定，如果出让方存在未履行或未全面履行出资义务即转让股权，受让方有可能基于此种情况，而与出让方承担连带责任。

因而在股权并购后，收购方需要特别注意出让方是否全面履行出资义务。同时，可以通过就相关风险及责任分担，受让方与出让方进行明确的约定，以规避可能发生的法律风险。

第三，主体资格瑕疵。

主要是指标的公司因设立或存续期间，存在违法违规行为，而导致其主体资格方面可能存在的障碍。例如标的公司设立的程序、资格、条件、方式等不符合当时法律、法规和规范性文件的规定等。

第四，主要财产和财产权利风险。

股权并购的常见动因之一是可以规避收购财产所涉及的风险。这些风险主要体现在：

（1）标的公司拥有的土地使用权、房产、商标、专利、软件著作权、特许经营权等，是否存在产权纠纷或潜在纠纷？

（2）标的公司以何种方式取得上述财产的所有权或使用权？可有完备的权属证书？如果没有，则取得这些权属证书是否存在法律障碍？

（3）标的公司对其主要财产的所有权或使用权的行使有无限制？是否存在担保或其他权利受到限制的情况？

（4）标的公司有无租赁房屋、土地使用权等情况？以及租赁是否具有合法有效性？等等。

第五，重大债权债务风险。

这些风险主要包括：

（1）出让方是否对标的公司的全部债权债务进行如实披露。

（2）财务是否合法有效？

（3）标的公司是否有对外担保情况，并且是否有代为清偿风险？

（4）标的公司是否有因环境保护、知识产权、产品质量、劳动安全、人身权等原因产生的侵权之债？

第六，诉讼、仲裁或行政处罚风险。

需要了解标的公司是否有未了结的或可预见的重大诉讼、仲裁及行政处罚案件。在股权并购中，需要对标的公司是否存在上述情况予以充分的调查和了解，做到心中有数。

第七，税务、环境保护、产品质量、技术等标准风险。

这方面的法律风险主要包括：标的公司享受优惠、财政补贴等政策是否合法；生产经营活动和拟投资项目是否符合有关环境保护的要求；产品是否符合质量标准；近年来，是否有因为违反环境保护方面及有关产品质量和技术监督方面的法律、法规和规范性文件而被处罚等。

第八，劳动用工风险。

为保证标的公司依法用工，收购方可以采取：要求出让方就依法用工情况给出承诺与担保，并就相关风险发生后的责任承担进行明确约定，或在可能的情况下，要求出让方在收购前清理标的公司用工方式，予以规避。

第九，受让方实际控制力风险。

收购方在收购标的公司股权时，需要注意此合同签订的双方意愿，同时也要注意到其他股东的合作意愿，从而避免陷入进退两难的局面。

5.6 案例：腾讯系迅速崛起，半壁江山全靠买

　　根据统计，2017 年腾讯共完成 113 笔投资，平均每月买 10 家公司。回顾他们的历程，从京东、滴滴、58 同城、摩拜单车等多家独角兽，再到阅文集团、搜狗、众安在线等多家上市公司，"腾讯帝国"早已连接了成千上万的企业。

　　腾讯总裁刘炽平在 2018 年腾讯投资年会上透露，过去数年，腾讯投资了 600 多家企业，"这些企业所新增加的价值已超过腾讯本身的市值"。

　　如今，腾讯已经成长为亚洲市值最高的互联网企业，不断在社交、电商、出行、游戏等多个战场进行严谨地布局。

　　回顾腾讯的战略布局，促使其决心走向开放的正是当年那场著名"3Q 大战"。而如今，腾讯已有包含腾讯产业共赢基金在内的多家投资平台，投资范围覆盖了 20 多个国家。可以说，"腾讯帝国"的版图日益扩大，生态圈已经构建得非常完善，其参投的多家公司纷纷实现 IPO（首次公开募股），这也让腾讯系收获颇丰。不难发现，在多个领域快速崛起的腾讯，其实它的半壁江山全靠买。

第六章　股权投资：
选对项目，投资收益远超"同类"

　　股权投资创造的收益是惊人的，我们可以看到，小米上市，可能有 100 名员工成为亿万富翁，有 1000 名员工成为千万富翁。而阿里巴巴的崛起，至少，从里面走出了 10 多位亿万富翁，例如众安在线财险公司的欧亚非，趣店公司CEO 罗敏，以及蚂蚁金服创造的十几位亿万富翁。

6.1 股权投资的逻辑

股权投资又称风险投资，是指投资者购买的未上市企业股份，或以货币资金、无形资产和其他实物资产直接投资于其他单位，最终目的是为了获得较大的经济利益，这种经济利益可以通过分得利润或股利获取，也可以通过其他方式取得。

在现代，无论是福布斯财富排行榜，还是胡润富豪排行榜，判断一个富人拥有多少财富，最重要的是看他拥有多少股权。而在中国，随着资本市场的开放，中国企业迎来上市机遇，股权投资时代已经来了。

而股权投资的逻辑，从总体上概括有如下几个方面，如图6-1所示。

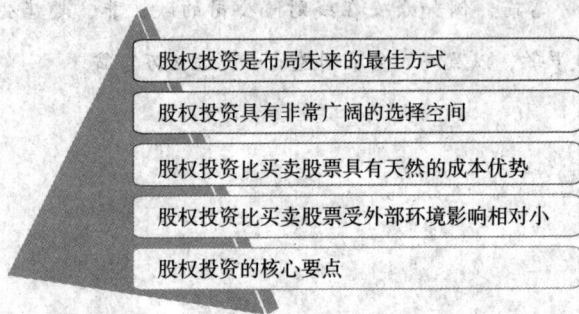

股权投资是布局未来的最佳方式

股权投资具有非常广阔的选择空间

股权投资比买卖股票具有天然的成本优势

股权投资比买卖股票受外部环境影响相对小

股权投资的核心要点

图6-1 股权投资的逻辑

第一，股权投资是布局未来的最佳方式。

众所周知，孙正义在日本"失落的20年"期间，选择投资中国的阿里巴巴。2000年他以2000万美元投资，到2015年阿里巴巴纽交所上市市值达到588亿美元，涨幅近3000倍，一跃成为日本首富。

除了孙正义，我们还能看到，高盛投资、腾讯系、阿里巴巴，无不是投资股权后创造的一个又一个财富神话。事实上，站在未来5年看现在，寻找5年后的最牛公司进行股权投资，一定是面向未来的最佳布局。

第二，股权投资具有非常广阔的选择空间。

在交易所之外，中国有数千万家企业，在实行注册制后，这些企业中的优质企业会陆续上市。中国优质企业基数庞大，股权投资的未来市场更加规范，股权投资的选择也更为宽广。

第三，股权投资比买卖股票具有天然的成本优势。

二级市场交易的股票，是按照公司整体价值或者未来价值进行评估的。公司在上市前，投入了大量成本，交易股权也需要按照结构全部支付。这导致二级市场交易股票的成本极高，而这种成本最终还是嫁接到投资者身上。

而且，对于企业来说，只要自身条件达到上市要求或已经上市，就意味着高溢价，投资回报相对有限。

而股权的本质就是原始股，不需要进行股份切割，也没有公开交易进行边际定价，从而大大降低了成本。同时，早期企业相对溢价较低，投资成本很低，优质创业企业成长性高，因而股权升值空间巨大，这就是股权投资真正高收益的关键。

但是，股权投资具有资金门槛高、专业性强的特点，普通投资者一定要选择专业的投资平台，使用优质的系统才能找到优质的企业进行股权投资。

第四，股权投资比买卖股票受外部环境影响相对更小。

严格意义上说，股权投资读懂企业就行了，而买卖股票要随时关注、跟踪外部特别是宏观政策变化。

第五，股权投资的核心要点。

股权投资的第一要点是企业团队。柯林斯在研究世界 500 强之后曾提出一个"先人后事"和"第五级经理人"概念，表明：人，特别是卓越的人是关键。

第二要点是机制。如今的企业已经是合伙人制度，具有健全机制的企业股权才值得投资。

第三要点是位次。一个企业是否优秀、是否有发展潜力，关键在其细分市场的排序位次，处于中后位的企业收入再高也只是窗口性机会。

6.2　优质股权投资项目的选择

人无股权不富。在资本市场里，如何选择一个优质的投资项目，已经成为很多投资者重点关注的内容。

6.2.1　融到资金、准确投资是关键

真正的私募股权投资者，有很多其实都是拿着出资人筹措的资金进行投资的。因而要做好股权投资，首先要解决资金问题。而募集资金的渠道有很多，例如上市公司、中小企业、个人、社保基金、养老金、保险金、商业银行、私人银行、券商、基金、信托、海外资本等。募集资金的渠道很多，但是对风险把控、专业要求和对PE（私募股权投资）的品牌要求都很高，因而投资机构也要不断提高自身的水准。

解决项目流的问题，主要涉及如图6-2所示（见下页）的两个核心问题。

第一，有足够多的标的企业选择。

对于基金公司来说，需要找到能系统性提供标的企业的池子是关

键。如果没有足够多的样本数量，投资者谈不上经验，也谈不上选择。

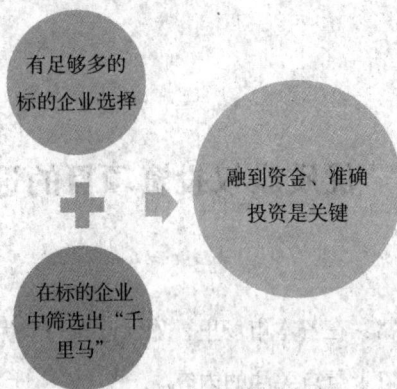

图 6-2　融到资本、投资准确是关键

第二，在标的企业中筛选出"千里马"。

如何在众多标的企业中选择出好的项目，这非常考验投资人的眼光。通常可以借鉴以下 3 点内容：

（1）基于自己熟悉的行业或者领域。基于行业、经验、数字、历史、趋势、环境、政策，在自己熟悉的领域投资，准确率一定高很多。

（2）要分析标的企业的商业模式。对于投资者来说，要分辨标的企业是否有创新的商业模式和清晰的盈利模式。毕竟好的模式，是好项目的基础。

（3）考察团队。如果模式很好，团队就成为成功的关键。创业者的出身很重要，是否有创业的成功经验、是否有在优秀公司任职过高管、是否熟悉资本市场的游戏规则、是否有行业内的知名度、是否有成功的强烈欲望或者使命感，团队是否优势互补、团队是否经历过磨合，这些都是好项目成功的标配。

6.2.2　核心竞争力是管理

管理不是简单管控，更多的是投资者对企业的支持。这是一种积极的意思，也是最容易为投资者忽视的地方，因而也就成为最有核心竞争力的环节。在实践中我们发现，国外成熟的投资基金都非常注重帮助企业一起成长，而不是简单的投钱完事。有一个最优组合叫"123组合"，即"1个GP（普通合伙人），2个投资人，3个管理人"，PE（私募股权投资）机构中人员最多的部门是管理部，而不是投资部。

而要认真解读企业的需求，明确他们到底要什么，主要通过下面3种方式，如图6-3所示。

企业核心需求

图6-3　企业核心需求

第一，资本。

对于初创企业或者高速发展中的企业，需要资本的支持是正常的。但是创始人如果认为自己"只缺钱，有了钱，什么都能解决"，那投资者是会三思的。因为从这句话我们可以判断出，他的核心不是缺钱，而是缺对钱的整合能力，对钱的把控和调度能力。未谋而先动，风险意识可见一斑。

第二，咨询。

咨询的本质是帮助企业提升运营和管理的能力。对于创业者来说，激情、创意和专业是他们的优势。但是战略、模式、运营、人力资源、财务税收、法律等可能是创业者的不足，需要投资者协助。

第三，资源。

很多投资机构有很强大的资源，或者是上下游资源，或者是管理、金融、财务等方面的资源。对于部分并不缺钱的企业来说，选择出让自己的部分股权来换得这些资源，对企业的成长无疑是有很大帮助的。

6.2.3 要能顺利退出

投资企业，并不是为了和企业白头偕老，而是抱着投资—盈利的目的。投资机构退出的渠道有很多，但主要是如图6-4所示的这几项。

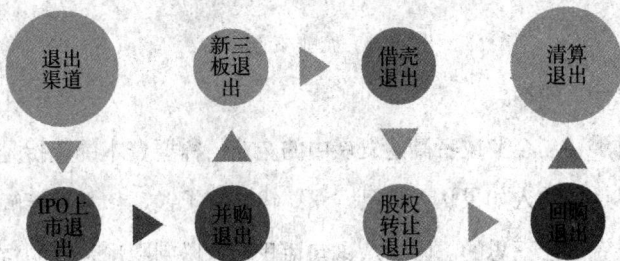

图 6-4 退出的方式

第一，IPO 上市退出。

IPO，首次公开发行股票（Initial Public Offering），也就是常说的上市，是指企业发展成熟以后，通过在证券市场挂牌上市使股权投资资金实现增值和退出的方式，主要分为境内上市和境外上市。境内上市主要是指深交所或者上交所上市，境外上市常见的有港交所、纽交所和纳斯达克等。

IPO 退出之所以为投资者所欢迎，是因为投资机构可以通过抛售手中持有的股权，获得高额收益。而股权之所以能增值，一来，是因为投资者投资的时候，企业还处于高速增长期，当时的股权价值还一直处于增值中；二来，也是资本市场对企业良好经营业绩的认可，可使企业在证券市场上获得进一步发展的资金。

第二，并购退出。

并购指一个企业或集团通过购买其他企业的全部或部分股权或资产，从而影响、控制其他企业的经营管理。

并购主要分为正向并购和反向并购。

（1）正向并购：指为了推动企业价值持续快速提升，将并购双方对价合并，投资机构股份被稀释之后继续持有或者直接退出。

（2）反向并购：直接就是以投资退出为目标的并购，也就是主观上要兑现投资收益的行为。

和 IPO 退出相比，并购退出的优点是复杂性较低，花费时间较少，同时并购方式灵活，有利于初创企业业绩的提升。同时，被并购的企业之间还能相互共享对方的资源与渠道，这也将大大提升企业运转效率。对于寻求快速套现的资本而言，并购能更快实现退出。

同时，随着行业的逐渐成熟，并购也是整合行业资源最有效的方式。

第三，新三板退出。

新三板退出是目前较受欢迎的退出方式。目前，新三板的转让方式有协议转让和做市转让两种。

（1）协议转让：是指在股转系统主持下，买卖双方通过洽谈协商，达成股权交易。

（2）做市转让：则是在买卖双方之间再添加一个居间者"做市商"。

对企业来说，由于新三板市场能带来融资功能，以及可能的并购预期，同时还有政府政策的支持，因而对于中小企业是一个比较好的融资选择。而对于机构和个人来说，相对主板门槛更低的进入壁垒及其灵活的协议转让和做市转让制度，能更快实现退出。

第四，借壳退出。

借壳上市，可算是比较另类的 IPO 退出。所谓借壳上市，指一些非上市公司通过收购一些业绩较差、筹资能力弱化的上市公司，剥离被购公司资产，注入自己的资产，从而实现间接上市的操作手段。

相对正在排队等候 IPO 的公司而言，借壳的平均时间大大减少，在所有资质都合格的情况下，半年内就能走完整个审批流程，成本方面也少了庞大的律师费用，而且无需公开企业的各项指标。

第五，股权转让退出。

股权转让指的是投资机构依法将自己的股东权益有偿转让给他人，套现退出的一种方式。虽然这种退出比较快速，但是股权转让时，复杂的内部决策过程、繁琐的法律程序都成为影响股转成功的因素，而且转让的价格也远远低于二级市场退出的价格。

第六，回购退出。

回购主要分为管理层收购和股东回购，是指企业经营者或所有者从投资机构回购股份，称得上是一种收益稳定的退出方式。

对于企业而言，回购退出，一来可以保持公司的独立性，避免因为资本的退出而给企业运营带来震动；二来企业高层可以由此获得壮大后企业的所有权和控制权，同时交易复杂性较低，成本也较低。

此种方式通常适用于那些经营日趋稳定但上市无望的企业。

第七，清算退出。

这应是投资人最不愿看到的退出方式。对于已确认项目失败的，投资机构应尽早采用清算方式退回，以尽可能多地收回残留资本，尽可能地降低损失。清算是企业倒闭之前的止损措施，申请破产并进行清算是有成本的，而且耗时长，法律程序复杂。

破产清算的优点是尚能收回部分投资，但缺点也是显而易见的，意味着本项目的投资亏损，资金收益率为负数。

6.3 项目投资前的行业分析

不同的行业有不同的投资门道，但最关键的，是在投资前要分门别类地分析和研究。针对不同的投资行业分析，我们可以看看下面各小节内容。

6.3.1 医疗保健行业

医疗保健行业的子行业，通常包括制药公司、生物技术公司、医疗器材公司、医疗保健服务组织。

从整体来说，医疗保健行业的竞争优势是：时间和资金成本的高门槛、专利保护、明显的产品差异和经济规模。

具体来看，分别表现为：

（1）制药公司。大型制药公司具有很强的竞争优势，它的投入资本收益率常能高达20%-30%。但缺点也很明显，由于开发新药耗费时间，成本又高，且不能保证成功，因而可以选择有长期专利保护和有很多正在研发中的新药来分散开发风险的公司。这些公司的特征也很明显，通常有着一个完整的药物临床试验体系，强大的市场营销能力，巨大的市场潜力，以及有着畅销的药品。

（2）生物公司。投资生物公司的两个必要条件，一个是深入了解该技术，另一个是不要投资于起步阶段。虽然这类公司的盈利能力惊人，但是现金流还不可预测，这种情况下，投资失败的几率更大。成功生物技术公司的特点包括：公司有大量药物进入临床试验的最后阶段、资金充裕、有成熟的销售渠道、股价有 30%-50% 的安全边际。

（3）医疗器材公司。医疗器材公司有竞争优势，如：规模经济、高转换成本、长期的临床历史、专利保护、定价权。成功医疗器材公司的特点是：销售人员的渗透能力、产品多样化、产品创新。

（4）医疗保健服务组织。这类公司虽然没有很强的竞争优势，但无论是通过高混合的基于收费的业务，还是拥有风险最小化的政府账户，都将提供一个能保持一定增长速度的收益。

6.3.2 消费者服务业

这个类型的行业通常包括餐饮业、零售业两类。这个行业中的大多数企业建立竞争优势的基本方法是通过规模优势做低成本。

对于餐饮业来说，投资时需要了解公司的生命周期。通常来说，成功餐饮公司的特点如下：

（1）建立成功的概念。

（2）成功复制是关键。

（3）老的连锁店必须保持新鲜，但不需要彻底改造他们。

至于零售业，重点关注资金周转周期（越快越好）。成功零售商的特点是：

（1）保持门面的整洁和光鲜。

（2）注意门店的通行情况。

（3）有积极的企业文化。

这个行业，由于入门门槛低，不利于建立竞争优势，而且行业的收益率较低，属于周期性行业，可以在零售业低谷时，找机会买入著名零售公司的股权。

6.3.3　服务业

隶属于服务业的子行业，包括这几类：基于技术的公司、基于人力资源的公司、基于坚实资产（有形资产）的公司。

服务业的竞争优势，体现在当公司拥有规模经济、经营杠杆作用及拥有品牌影响力后，这些特征能提供明显的进入壁垒，并且能有较好的财务业绩。

（1）基于技术的公司。此类公司研发成本与后续投资需求较低，优秀公司享有相当大的可防御竞争优势，同时还具有现金较多、规模大、财务稳定、快速成长、进入主流市场等优势。

（2）基于人力资源的公司。这类公司缺少明显的吸引力，但是基于人力资源公司成功的特点有：产品差别化、提供必需品或者低成本服务、有组织的增长。

（3）基于坚实资产（有形资产）的公司。这类公司竞争激烈，毛利率极薄，营业杠杆作用较高。此类公司是成本的领导者，有独特的资产和谨慎的融资。

6.3.4　软件行业

软件行业有很多的子类别，类似于操作系统、数据库、企业资源计划系统、客户关系管理系统、安全软件、电脑游戏等。

软件行业的竞争优势是进入壁垒低。高科技公司的主要竞争优势包括：高客户转换成本、网络效应、品牌。

其中，软件公司的特点是：

（1）逐渐增长的销售收入。在经济稳定的条件下，销售收入的年增长至少要达到10%。这代表公司软件有着增长的需求、忠诚的客户。

（2）许可收入。这个数据能体现一个特定时间里，有多少软件被售出。观测这个数据，可以明确公司许可收入的变化趋势。

（3）延缓收入。如果收入开始变慢或者余额开始下降，那么有可能是公司业务已经开始放慢的信号。

（4）应收账款天数。上升的应收账款天数，表示一家公司是以扩大和客户的信用条件来完成交易的。这其实是对未来几个季度收入的挤占，而且可能导致收入的亏空。

而成功的软件公司，不但有着逐渐增长的销售收入，还有着长期良好的记录，包括至少有5年财务历史数据的公司，逐渐扩大的利润率，巨大的客户安装基础，以及卓越的管理等。总体来说，软件行业拥有极为广阔的发展前景，具有大量的现金流。

（5）总结。软件行业拥有极为广阔的成长前景、大量的现金流、高投入资本收益及良好的财务健康状况。软件行业竞争也非常激烈，是典型的强周期性行业。投资者需要寻找有强大竞争优势的，存续时间相对较长的公司。人们对于软件行业的乐观预期，容易导致投资收益率的降低，使投资者掉入增长率陷阱。因此，最好以内在价值的较大折扣交易，而不要被单独的一流技术所诱惑。

6.3.5 生活消费品行业

主要包括的子行业有食品行业、饮料行业、家庭和个人用品行业及烟草行业等。这类行业的发展策略，主要有：

（1）可以采用引入新产品的方式来分流对方的市场份额，但是开发新产品花费比较高，而且也容易失败。

（2）如果公司实力能承受，可以尝试通过收购其他生活消费品公司实现增长。

（3）很多生活消费品制造商可以选择扩大国际市场来弥补销售增长缓慢的策略。

此类行业的风险有：

（1）零售商实力的增长，会逐步削弱制造商的定价能力。

（2）本国货币的强弱走势与公司在海外的销售业绩负相关。

（3）投资者在经济低迷时期可能会哄抬生活消费品股票的股价，使得股票价格相对于它的公平价值贵很多。当生活消费品行业的股票有 20%-30% 的安全边际交易时，可寻找买入的机会。

此类行业的竞争优势有：

（1）规模经济。大公司有小公司比不上的规模经济。

（2）品牌效应。强大的品牌效应，令新进入者感觉到这个行业有明显的门槛。而且，培养和消费者的联系需要时间、资金和对市场的了解。

（3）生产商的分销系统，是竞争对手一开始就很难复制的竞争优势。排他性是分销系统能够提高一家公司竞争优势的一个特性。

成功生活消费品公司的特点：

（1）市场份额。品牌在市场份额中占有优势的公司更有可能维持现有地位。

（2）自由现金流。成熟期的公司有非常多的自由现金流，因而管理层如何使用现金就相当重要。我们可以考察下，这些现金有多少是给股东分红或者以股票回购的形式给投资者的。

（3）市场份额。公司是否能持续保持市场份额。

（4）建立品牌。如果公司是以持续不断的价格战来促销产品，那么就很容易耗尽品牌的价值。因为这仅仅是为了短期的收益，在掏空品牌的价值。

（5）创新。公司的创新水平是至关重要的。很多公司的成功，就是因为持续在市场中引入新产品，同时延长产品线。

从这几点来看，生活消费品行业是典型的防御性行业，有大量的、理想的、值得长期投资的企业。虽然增长缓慢，但是有着稳定的业绩表现，以及比较强大的竞争力和自由现金流。因而在投资时，可以选择那些具有垄断规模、低成本及强大品牌优势，并能不断推出优秀产品的公司。另外，日常消费品部门拥有异乎寻常的稳定性，而非必需消费品部门却常常面临着激烈竞争。这两个部门间的界限并不十分清晰。

6.4 股权投资前的尽职调查

尽职调查是指投资人在与目标企业达成初步合作意向后，经协商一致，对目标公司的一切与本次投资相关的事项进行现场调查、资料分析的一系列活动，又称为审慎性调查。尽职调查的目的是在信息不对等的情况下，尽可能全面地获取目标公司的真实信息，尽量降低投资风险。

6.4.1 尽职调查的目的

简单地说，尽职调查的根本原因在于信息不对称。目标公司的真实情况，投资者只有通过详尽的、专业的调查才能摸清楚。通常来说，尽职调查的目的有以下几个，如图 6-5 所示。

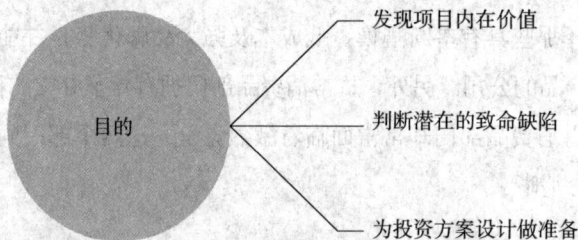

发现项目内在价值

目的

判断潜在的致命缺陷

为投资方案设计做准备

图 6-5 尽职调查的目的

第一，发现项目内在价值。

站在投融资双方不同角度分析企业内在价值，得出来的结论会有所偏差。融资方可能会高估企业价值，也可能会低估。毕竟企业内在价值不取决于当前的财务账面价值，还有相当大一部分取决于未来的收益，因而对企业内在价值进行评估和考量，要建立在尽职调查的基础上。

第二，判断潜在的致命缺陷。

对于投资者来说，尽职调查是风险管理的第一步。只要是投资项目，就存在各种风险。例如融资方过往财务账册的准确性，投资后公司的精英团队、供应商和顾客是否会继续留下来，以及相关资产是否具有融资方赋予的相应价值，是否存在任何可能导致融资方运营或财务运作出现问题的因素。

第三，为投资方案设计做准备。

对于目标企业来说，自身企业中有什么风险他们是比较了解的。但是对于投资者来说，有必要通过实施尽职调查来弥补信息上的不对等。一旦通过尽职调查了解目标企业存在的风险和法律问题，投融资双方就可以通过谈判确定相关风险和义务由谁来承担，同时投资者可以决定在何种情况下继续进行投资活动。

6.4.2 尽职调查的三原则

尽职调查的原则如图 6-6 所示（见下页）。

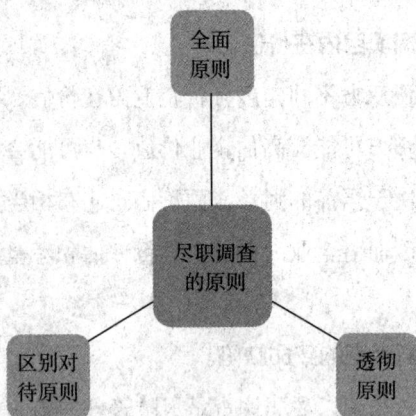

图 6-6　尽职调查的三原则

第一，全面原则。

（1）企业组织。风险投资法律尽职调查涉及企业的沿革、合法性、股东的构成与变更、内部治理结构、下属机构及关联企业等。

（2）企业权力。涉及企业的所有权、用益物权、担保物权、知识产权及债权等。

（3）企业义务。涉及银行贷款、借款、或有负债、正在进行或者面临的诉讼、仲裁或行政处罚及税收等。

（4）劳动人事。涉及所有关键雇员的劳动合同的年限、竞业禁止、是否存在与原单位有未了的纠纷。

（5）股东。是否从事与被投资企业的类似业务、是否涉及重大的诉讼、仲裁或者行政处罚，其股权是否被质押等。

（6）调查者必须调集所有材料，包括但不限：投资企业的工商执照、公司章程、股东出资证明书、出资协议、验资报告、股份转让协议、股权变更等一系列法律文书。

第二，透彻原则。

关于透彻原则的理解，以专利为例，投资者不仅需要了解其是否拥有专利权，还要了解其是否存在权属上的纠纷、有效期间、专利权的地域范围及专利许可情况等内容。

另外，投资者不仅要详尽审核文件资料，还要对目标企业的相关当事人、政府机构和中介机构等进行调查和沟通。例如，如果核心员工是从别的企业中跳槽过来的，那么要了解其和原来单位的合同是否已经完全了结。

第三，区别对待原则。

针对不同阶段和不同类型的创新、创业企业，尽职调查的重点有所不同。

就发展阶段而言，种子阶段、初创阶段、扩张阶段和成熟阶段这四个阶段的企业，要调查的内容差异性比较大。

通常来说，对种子期的投资，需要注意对技术和团队的调查，而对于中后期投资，应注重对过往绩效的调查。

企业类型不同，也决定了尽职调查的内容不同。例如，对于技术和产品创新的创业企业，研发能力和知识产权是决定企业发展的核心问题。对于商业模式创新的创业企业，运营能力和市场能力是企业快速成长的关键。

6.4.3　尽职调查的流程

第一，签订前期协议。

在通过对目标企业初审后，投资者会要求与目标企业签订初步的前期协议。前期协议通常包括承诺函、保密协议、投资意向书等。前期协议中最主要的协议就是投资意向书。

投资意向书一般不具有法律效力，但它包含了本次投资的主要条款。这些条款主要包括目标企业估值、投资价格、出售的股权数量、保密条款、排他性条款、业绩要求、退出条款等核心条款。

第二，发清单邮件或者通知书。

投资者在做尽职调查时，可以先向被调查企业发送调查邮件清单，让被调查企业准备资料，可以提高调查工作效率。对于不同阶段、不同行业的企业，尽职调查的重点内容也有很大的差别。

通常，后期投资所需要的尽职调查清单包括：

（1）公司基本资料。公司的工商登记、批准文件、牌照、许可证、章程等的复印件；公司和所有关联公司的目录和法律架构图；公司的股权结构和主要股东介绍，包括所有法人股东的股权结构及其介绍；公司内部管理的组织架构；主要高级管理人员和业务骨干的简历；公司现有内部管理制度，员工总数；人员工资及福利、保险、劳动合同大致情况。

（2）主要产品及服务。公司的主要产品、生产过程及其管理，生产成本核算；业务模式、产品定价及公司的销售情况和主要客户；公司未来3年的产品、服务的规划，相应的市场规划和收入预测；主要产品的行业分析及市场容量预测；采购情况（主要供应商及采购价格）。

（3）市场与竞争对手分析。市场现状及增长情况；包括核心竞争力、主要问题和未来发展的机会和风险等内容，以及目前经营情况的分析；公司与其他同类企业的比较分析；在与竞争对手相对的竞争优势及劣势下，公司如何保持或加大现有的市场份额。

（4）财务。至少有近 3 年的，公司成立到现在的财务报告；提供最近几年的财务数据与财务预测；公司人工成本构成、薪酬体系；公司的应收及应付账款的管理制度和账龄分析；公司有形及无形资产的情况，包括分类、总额、成本、估价、市价，有形资产折旧的计算，无形资产摊销的情况；提供公司目前的税收情况；提供公司所有的债务状况及经济责任；提供公司与关联公司近 3 年所进行的关联交易的内容、性质、金额。

（5）法律。对企业的各种产权进行调查；是否存在关联交易和同业竞争；各种供应、销售和劳动合同；是否存在其他诉讼事项。

（6）阅读和分析材料。通过阅读目标企业提供的文件、资料和信息，可以发现目标企业的投资价值和存在的风险。

（7）现场考察。投资者在现场考察时根据不同的考察方式了解企业的价值。投资者可以到企业生产线上亲身体验企业的生产能力，企业员工的生产熟练程度。

（8）深度调查。初创企业如果是高新技术企业，产品具有一定的专业性，那么要向该领域的专业人士请教，对产品的特性和竞争优势进行充分的论证；另外，投资者还要和客户进行交流，用这种方式，一方面可以了解企业产品的优势和劣势，另一方面可以了解客户对产品的满意程度和对价格的评价；和供应商之间的交流，是投资人为了了解企业生产所需原材料和设备供应是否充足、价格水平和走势如何，生产能力是否具有竞争优势，以及企业支付货款的能力和财务信用状况；而和竞争对手的分析，是为了从竞争对手身上了解创业企业的产品、技术研发水平、竞争优势、市场占有率及管理水平等信息。

（9）分析资料、撰写报告。投资者为了深入分析尽职调查中取得的数据而对每个专题的资料做系统分析，最后把每个专题的调查报告进行整理，对企业做出整体判断。

以上是尽职调查对企业所做的包括但不局限于这些内容的评估，目的是了解企业的优势和劣势，判断企业的投资价值，揭示投资风险，为是否进行投资提供判断依据。

6.5　投后管理，让项目增值

投资者进行投后管理的目的，是为了规避投资风险，加速风险资本的增值过程，追求最大的投资收益。投后管理是整个股权投资体系中非常重要的环节。

6.5.1　投后管理的必要性

投后管理的必要性有以下几点，如图6-7所示。

图6-7　投后管理的必要性

第一，把控风险。

投资者所设置的投后管理部门，不但需要把控投资风险，还需要把控已经投资的企业，在市场、政策和环境不断变化的情况下，尽可能地降低企业的试错成本，尽量少走弯路，从而缩短完成初设目标所需要的周期，或者促使企业朝更合适的目标奋进。

在实务中我们总结，当企业在 A 轮之前，尤其是种子轮、天使轮，财务体系和人员匹配甚至于商业模式都是不够完善的。因而此时投资者需要提供帮助企业规范运行的管理条例和行为准则，从主观和客观两个方面，从政策、市场、管理、资金链（财务）等多个维度降低企业潜在的风险，从而实现投资的保值增值。

第二，增强企业软实力。

随着资本市场大体量的增长，越来越多的资金进入股权投资市场，而优质项目毕竟是少数。为了吸引到足够多、优质的项目，单纯靠资金的支持已经很难留住优质的企业了。约有 66% 的投资人更加看重投后管理带来的绩效改善，进而通过企业的有机增长保值增值。

第三，反哺投前。

所谓反哺投前，指的是：

（1）验证投资逻辑。

当投前部门在短时间内完成项目投资时，投后人员需要通过长期的跟进回访，对当初投资人员的投资逻辑进行检验。如果项目并没有按照原先预定的方向发展，那么投后人员不但需要对该项目加以特别注意，还要在帮助项目方梳理商业模式的同时，将情况及时反馈给投前项目负责人。

（2）调整投资布局。

多数投资机构在设立基金时，都会设定好投资的领域和轮次范围。但是随着市场红利爆发，很容易引起某一领域的项目扎堆。在这种情况下，投后部门就要严格控制每个领域的占比和项目质量。

6.5.2 投后管理的内容

投后管理的内容有很多，常规性管理和决策性管理及价值增值性服务是投后管理的主体内容，如图6-8所示。

图6-8 投后管理的主要内容

第一，常规性管理。

基金管理人在权利允许的范围内，以常规性的方法对被投资企业管理经营等情况的管理，对企业的运营状况及时监管，实时处理。

第二，决策性管理。

投资人通过派任已投资企业的高层管理人员，对企业内部组织结构进行优化，并且在决策中有一定的话语权，甚至在一定程度上能影响企业的决策结果。

第三，价值增值性服务。

投资者向被投资企业给出所有有价值的增值性服务的总称，这也是为了最大限度地实现企业的价值增值。事实上，投资者在投资时不只是投入股权资本，还要给予很多增值性服务，例如团队建设、信息支持、法律顾问等咨询服务内容。所以，增值服务是价值再创造的过程，是投资人"投后"的要务之一。

6.5.3　投后管理的影响因素

投后管理是一项复杂的系统工程，它具有长期性、专业性和不确定性等特点。投后管理的实施和效果，受到各方面影响，如图6-9所示。

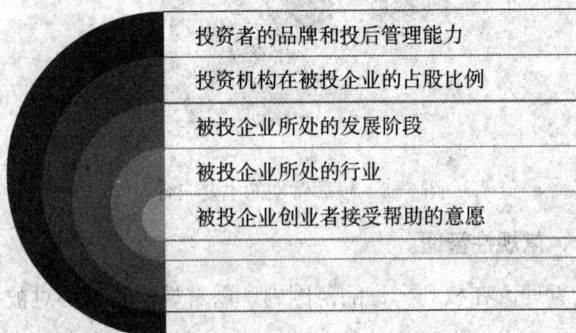

| 投资者的品牌和投后管理能力 |
| 投资机构在被投企业的占股比例 |
| 被投企业所处的发展阶段 |
| 被投企业所处的行业 |
| 被投企业创业者接受帮助的意愿 |

图6-9　投后管理的影响因素

第一，投资者的品牌和投后管理能力。

投资机构的投后管理工作的好坏，取决于投资机构本身对投后管理工作的重视程度，还有投资机构的品牌影响力以及投后管理能力。

一般来说，投资机构品牌影响力好，并且实力雄厚，容易获得被投资企业的信任，有助于其展开投后管理工作；而如果投资机构品牌影响力不够，并且能力有限，被投资企业通常不会太信服投资机构的管理安排，也就影响了投资者投后管理工作的开展。

第二，投资机构在被投企业的占股比例。

投资机构在被投资企业中的占股比较大时，通常可以要求在董事会有董事的席位并能通过董事会决议影响被投资企业的重大决策。投资者还能委派财务经理、人事经理等长期驻守企业，掌握企业的发展动态。

而在投资机构占股比例较小的情况下，投资机构只是参与股东大会，获取被投企业的运营情况信息的机会较少，不利于投资机构开展投后管理工作，投后监管和增值服务的提供有较大难度。

第三，被投企业所处的发展阶段。

被投企业处于不同的成长阶段，投资机构参与的程度与介入的方式有很大的不同。

当被投资企业还处于早期时，例如种子期，创业者因为缺少创业管理的经验，团队不健全，资源匮乏，供应链尚未搭建或者不完善。此时，投资者能否发挥资源、管理等方面的作用，就显得特别重要。

而对于比较成熟的被投企业，投资人会给予企业比较大的空间，有必要时才提供所需要的增值服务，投资机构的介入程度相对不那么深。

第四，被投企业所处的行业。

投资人通常会根据被投资企业所处的行业和所在的领域决定投资方式。通常来说，高科技企业里的创业人，技术性人才居多，因而在商业和市场等方面的开发能力不足，这时投资机构可以发挥自己的优势，深度协助创业者做好企业的增值服务。

另外，投资机构会有选择性地投资某些熟悉的行业和领域，使得投资的企业在某一领域内形成生态圈，便于上下游整合和优化，从而深入介入被投企业的资本运作。

第五，被投企业创业者接受帮助的意愿。

如果被投资企业不愿意接受投资机构的监督和提供的增值服务，那么，就在很大程度上影响到了投资机构的投后管理工作效率。如被投企业创业者对投资机构较为信任，且愿意就企业发展方向及业务发展中所遇到的问题与投资机构讨论商量，则其所能够享受的增值服务会更加周到细致。